Glücklich zu sein ist eine Wahl – kein Schicksal

ROLF MÜLLER

Glücklich zu sein ist eine Wahl –
kein Schicksal

Bibliografische Information der Deutschen Nationalbibliothek
Die Deutsche Nationalbibliothek verzeichnet diese Publikation in der Deutschen Nationalbibliografie; detaillierte bibliografische Daten sind im Internet über http://dnb.dnb.de abrufbar.

Titelbild: Das Titelbild zeigt den Wanderweg zum Energieplatz im Wildental (Mittelberg, Ortsteil Höfle im Kleinwalsertal / Österreich)
© Die beiden Fotos vom Wildental und Rolf Müller wurden von Jochen Kleemann zur Verfügung gestellt (www.kleemanns.at)

Satz, Umschlaggestaltung, Herstellung und Verlag:
BoD – Books on Demand, Norderstedt
ISBN 978-3-7568-5680-0

Inhalt

Einleitung

Unsere Seele

Unser Körper

Die Engel

Die lebendige Natur

Das Licht

Das heilige Feuer

Das Gute

Zwischenwort

Die große Universelle Bruderschaft

Ein langes Kapitel zum Sinn des Lebens, zum Wohlfühlen,
zum Glückichsein, zur Liebe ...

Mutter Erde

Mutter Sonne

Jesus Christus

Unser lieber Herrgott

Liebe Leser*innen,

das Buch, welches ihr in den Händen haltet, will und soll euch helfen, ein glückliches Leben zu führen.

Dazu brauchen wir eine Bestandsaufnahme unserer jetzigen Lebenssituation, unserer Umgebung, unserer Gesellschaft, der Ziele unserer Seele und unserer Lebensaufgabe. Jede Familie, jede Stadt, jedes Land, jede Gesellschaft, in der wir leben, prägen uns. Mit unserer Gesellschaft, darunter verstehe ich das deutschsprachige Mitteleuropa, steht es nicht zum Besten.

Ich habe lange überlegt und meine meistens sehr gute Intuition zu Rate gezogen, ob ich dieses Buch mit »negativen Aussagen« beginnen soll. Dieses Buch soll und wird eure Energie erhöhen, euch viele Anregungen geben, euer individuelles Leben zu verbessern und einen neuen Weg zu gehen.

Wenn ich jetzt meine Meinung zur aktuellen Lage unserer Gesellschaft ausdrücke, werden diese Worte eure Energie zuerst senken und möglicherweise fühlt ihr euch nicht so toll danach. Der Rest des Buches wird aber dazu beitragen dass eure Energie, eure Stimmung und euer Bewusstsein ansteigen und das werdet ihr positiv wahrnehmen.

Ich bin kein Verschwörungstheoretiker oder Rechtsradikaler, sondern ein Mensch, der aus dem System so weit wie möglich ausgestiegen ist und der glücklicherweise in der frischen Gebirgsluft und der hohen Energie, in der ich seit 26 Jahren leben darf, seinen gesunden Menschenverstand behalten hat und mit großem Abstand auf die Dinge schaut, die in der Welt geschehen.

Da ich jede Saison viele Gäste habe, die ich zu Energieplätzen führe, wir sind da einige Stunden beisammen, spüre und höre ich viel von der Stimmung der Menschen. Sehr viele Menschen sind mit der Gesellschaft, mit unserem System unzufrieden. Warum? Meine Analyse: Wir haben in allen Bereichen eine Symptomgesellschaft. Das heißt, wir gehen nicht an die Ursache, sondern doktern an den Symptomen herum. Christina von Dreien bezeichnet die meisten der sogenannten Mächtigen unserer Gesellschaft als Unlicht. Es gibt Licht und Unlicht, das klingt etwas milder als Gut und Böse.

Wieso regiert das Unlicht unsere Welt? Seit vielen Jahrhunderten regiert das Patriarchat, Männer die vorwiegend Geld, Macht, Status-symbole und Kontrolle anstreben und bewusst in Kauf nehmen, dass die Natur zerstört wird. Gier frisst Hirn! Warum tun sie das? Weil diesen Menschen ein hohes Bewusstsein und die Liebe fehlen, sie wissen nicht, was sie tun!

Das bezieht sich auf alle Menschen gemachte Systeme – Politik, Wirt-schaft, Militär, Währung, Landwirtschaft, Bildung, Gesundheit und an-dere – die nicht dem höchsten Wohle des Gesamten dienen. Das hat uns so weit gebracht, dass wir kurz davor stehen, alles zu zerstören, auch uns. Auf der Welt herrscht eine ähnliche Situation wie kurz vor der Zerstörung von Atlantis. Jetzt kommt noch das Dilemma dazu, dass diese Menschen, welche die ganzen Katastrophen zu verantworten haben, noch im Amt sind und ihre Fehler beheben sollen. Das hat noch nie funktioniert und wird auch dieses Mal nicht funktionieren.

Was ist die Lösung? Da die liebevoll und bewusst lebenden Menschen Gegner von Zerstörung oder Gewalt sind, braucht es andere Lösun-gen. Die einfachste ist, dass wir alle ihr Spiel nicht mehr mitspielen! Wir werden als Stimmvieh für ihre Wahlen und als Konsumsklaven für ihre Wirtschaft missbraucht, verdächtig viele Politiker sprechen in letzter Zeit von den großen Vorzügen der Demokratie. Ich glaube, sie spüren, dass da etwas im Gange ist.

Was für eine Demokratie (Herrschaft des Volkes) haben wir, wenn 93% der Bürger einen Abzug der Atomwaffen aus Deutschland fordern, seit Jahrzehnten, und nichts ist passiert. Ähnlich groß sind die Wünsche der Bevölkerung nach Naturschutz, gesunder Nahrung, Tierschutz, Hilfe für Menschen in Not etc. Nichts passiert, die Wünsche der Bevölkerung werden einfach ignoriert, und das nennt sich dann Demokratie!

Die größte Dreckschleuder von Europa, ein Kohlekraftwerk in Deutsch-land, soll jetzt immerhin in 18(!) Jahren stillgelegt werden, die politisch Handelnden wissen wirklich nicht mehr, was sie tun! Was die Umweltzer-störung anbelangt, tickt die Zeitbombe schon lang, in wenigen Jahren werden diese Männer jammern und klagen.

Zu allem Übel wollen sie jetzt auch noch eine neue Mobilfunktech-nologie, 5G, so heimlich, still und leise installieren. Diese Technik ist nach Ansicht von sehr vielen hochkompetenten Ärzten und alternativen

Wissenschaftlern extrem gefährlich für alles natürliche Leben, also Menschen, Tiere, Pflanzen und Mutter Erde. Diese Technik wirkt außerdem wie eine weltweite Mikrowelle und hat bestimmt einen beträchtlichen Anteil an der Erderwärmung. Aber damit können Sie uns bestens überwachen und ggf. unser Bewusstsein steuern, dass wir alle so unlichte Gedanken wie unsere scheinbar Mächtigen haben.

So, jetzt ist genug geschimpft, weiter wollen wir die Bestandsaufnahme nicht vertiefen und uns schöneren Dingen zuwenden. Die Lösung für jeden Menschen, der individuell, frei und selbstbestimmt leben möchte, ist, soweit als möglich aus diesem System auszusteigen! Sonst könnt ihr nicht glücklich werden; lebt ein einfaches naturverbundenes Leben, reduziert eure Lebenskosten, sucht euch eine echte Berufung, die dem höchsten Wohle des Gesamten dient. Steigt aus den Medien aus, ich selbst habe seit vielen Jahren keinen Fernseher, keinen Computer, kein Handy, ein uraltes Schnurtelefon, keinen Fotoapparat, keine Armbanduhr, keine Mikrowelle etc. Mir geht es dabei sehr gut! Geht so viel ihr könnt in die Natur, liebt Mutter Erde, alle Tiere und Pflanzen, verbindet euch mit der göttlich geistigen Welt! Ihr, liebe Leser*innen werdet wahrscheinlich spüren, dass mit jedem Kapitel dieses Buches eure Energie ansteigt.

Ich bleibe bei meiner Anrede du / ihr / euch, in den Bergen ist man oberhalb 1000 Metern beim »du«. Ich schreibe alles erst mal mit der Hand, mit einem sehr schönen alten Füller, drei Kerzen brennen ständig. Vorzugsweise fange ich abends an und schreibe teilweise bis tief in die Nacht. Für dieses Buch bekomme ich viel Unterstützung aus der göttlich geistigen Welt. Botschaften und Informationen von den Engeln, Erzengeln, aufgestiegenen Meistern (Hilarion), Mutter Maria, Jesus Christus und unserem lieben Herrgott. Auch hoch entwickelte Kulturen wie die Sirianer und Plejadier möchten uns helfen, das Paradies auf Erden zu erschaffen. Mutter Erde und Mutter Sonne unterstützen uns dabei auch intensiv. Durch meine wunderbare Partnerin Jana lernte ich zwei bulgarische Weisheitslehrer kennen, beide sind schon wieder im Himmel, haben uns aber zeitlose, tief spirituelle, das Herz und die Seele berührende Botschaften und Informationen hinterlassen, die ich in dieser Fülle gerne an euch weitergebe.

Ihre Namen sind: Omraam Michael Aivanov und Peter Deunov, der auch als Beinsa Douno bekannt ist. Von M. Aivanov gibt es viele Bücher auf deutsch im Handel, wenige von P. Deunov, welcher der Meister von M. Aivanov war. Viele Textstellen übernehme ich wörtlich von ihnen, da ich mich nicht mit fremden Federn schmücken möchte.

So kurz wie möglich, mein spiritueller Werdegang: Ende 1995, ich arbeitete damals für eine große US Investmentbank als Börsenmakler, war ich zu Fuß auf dem Weg in die München-Filiale. Kurz vor dem Eingang hörte ich eine Stimme: »Wenn du nicht aussteigst, gehst du kaputt!« Ich erschrak und drehte mich um, ich dachte, ein Kollege hätte sich einen Scherz erlaubt, aber da war kein Mensch! Diese Botschaft hat mich tief im Inneren berührt und so beschloss ich auszusteigen und ein völlig anderes Leben zu beginnen, mit Anfang 40. Ich wollte nur noch weg, weg von diesem Beruf, weg vom Stress, weg von der Großstadt. Mein Ziel war ein ruhiger Platz in den Bergen. So landete ich im Großraum Garmisch, danach im Allgäu, danach in Oberstdorf und jetzt seit acht Jahren im Kleinwalsertal (A).

Weil ich auf die erste Botschaft aus der göttlich geistigen Welt gehört hatte, wurden weitere Botschaften meine Wegbegleiter. Heute lebe ich ein einfaches, sehr naturverbundenes Leben in einer kleinen Wohnung mitten in den Bergen.

Da meine bescheidene deutsche Rente zum Leben nicht ausreicht, verdiene ich in der Saison etwas dazu mit Energieplatz-Führungen. Ein Platz liegt in Oberstdorf am Hotel Waldesruhe, der andere im Ortsteil Höfle von Mittelberg im Kleinwalsertal, am Wanderweg Richtung Wildental. An beiden Plätzen sind Erdenhüter-Engel, die ich zweimal die Woche besuchen darf, mit Gästen. Die geistige Welt war und ist sehr großzügig zu mir, so habe ich eine enge Verbindung zu meinem Schutzengel »Magnus«, der mir schon ein paarmal das Leben gerettet hat, zu den beiden Erdenhüter-Engeln »Terfor« und »Fenkor«, zum aufgestiegenen Meister »Hilarion«, zu den Erzengeln »Michael«, »Gabriel«, »Ariel«, »Metatron«, »Raffael« und anderen.

Seit 20 Jahren zieht mich Jesus Christus magisch an, wir sind sehr eng verbunden, das werdet ihr in dem Christus-Kapitel dieses Buches spüren. Seit ca. fünf Jahren integriere ich die Göttlichkeit in mein Leben, lebe mein göttliches Wesen und bete viel, innig und regelmäßig zu Gott. Meine aktuellste Lebensaufgabe ist es, als Diener Gottes sein Reich auf Erden mit zu erschaffen. Wie ihr euch denken könnt, habe ich viel zu tun, bin glücklich bei dem, was ich tue und freue mich von ganzem Herzen und von ganzer Seele auf jeden Tag meines Lebens!

Noch ein kurzer Hinweis zum Text dieses Buches, speziell an die Leserinnen. Ich habe große Achtung vor euch, liebe Damen der Schöpfung, auch eine große Wertschätzung für euch. Kürzlich las sich einen Text, da war alle paar Zeilen ein *innen abgedruckt, das hat die Harmonie gestört. Ich werde die weibliche Form der jeweiligen Worte nicht jedes Mal schreiben, ab und zu schon, aber nicht durchgehend, aus optischen Gründen. Ich bitte euch um Verständnis.

Jetzt geht es los mit dem Buch!

Stellt euch bitte vor, ich bin ein Freund und schreibe euch einen langen Brief aus einer anderen, sehr interessanten Welt, in der ich lebe und von der ich euch erzähle.

Noch einige praktische Tipps zum Lesen bzw. Aufnehmen der Informationen in diesem Buch: Es handelt sich um hochspirituelle Texte, die nicht einfach so gelesen werden können. Nehmt euch einige Zeit der Ruhe, eine heilige Zeit für diese wichtigen Botschaften, lest am besten immer nur einige Seiten, es kann sein, dass ihr dabei müde werdet, das liegt an der hohen Energie. Wollt ihr dafür eure eigene Energie erhöhen, so tönt einige Male, sieben ist eine gute Zahl, die Silbe »Om«, laut und aus ganzem Herzen. Zusätzlich könnt ihr noch die wunderbare Affirmation von Erzengel Raphael mehrmals laut und natürlich auch aus ganzen Herzen sprechen: »Ich bin die aufsteigende Kraft göttlicher Liebe!«

Ihr werdet sofort die Energie-Erhöhung spüren. Und wenn ihr das Buch durchgearbeitet habt, lasst es eine Weile ruhen und dann nehmt es euch wieder zu Gemüte. Es soll ein Lebensbuch für euch sein! Ihr werdet von Mal zu Mal mehr von diesen wunderbaren Informationen aufnehmen und tief in euch abspeichern. Jetzt wünsche ich euch viel Freude, viel Licht und Liebe mit diesem Buch!

Beginnen wir mit <u>unserer Seele</u>

In dieses Seelenkapitel habe ich eine Christus-Botschaft, die Pamela Kribbe als Medium empfangen hat und viele Informationen der beiden bulgarischen Weisheitslehrer einfließen lassen.

Liebe Leser*innen, wenn unsere Seele nach dem physischen Tod den Körper verlässt, tritt sie wieder in die geistige Welt ein, in ihre Heimat, wird dort durch geistige Helfer geschult und entwickelt sich weiter. An einem bestimmten Punkt hat sie so viel Wissen, Liebe und Bewusstsein entwickelt, dass sie sich wieder inkarnieren möchte und Mutter Erde und den Menschen helfen, das Paradies oder das göttliche Reich auf Erden mit zu erschaffen.

Das Bewusstsein auf der Erde, das kollektive Bewusstsein der Menschheit wird zu dieser Zeit durchgeschüttelt und gerüttelt und ihr spielt darin eine ganz bestimmte Rolle. Ihr seid wie der Anker eines neuen Bewusstseins, das auf eine andere Weise, in einer neuen Ebene schwingt oder vibriert. Ihr könnt diese Schwingung das Herzbewusstsein nennen. **Das Herz ist in dieser Zeit das Tor zum Neuen.**

Ihr seid in diese Inkarnation gekommen, um diese Zeit mitzuerleben und einerseits zu alldem beizutragen – und andererseits auch um euch selbst wieder zu finden, euch selbst zu heilen.

Ich (Jesus Christus) spreche zu euch als Lichtarbeiter, als Lichtarbeiter-Seelen, und möchte mit euch über die Reise eurer Seele durch die irdischen Leben sprechen. Ich bitte euch nun also, einmal mit mir durch die Evolution der Seele zu gehen. Wenn die Seele mit ihrer Bewusstseinsreise beginnt, dreht sich dies zunächst vor allem darum, sich ihrer selbst als Seele, als einzigartige Seele, als individueller Teil des Ganzen bewusst zu werden. Die Seele ist wie ein dynamisches Element, sie ist einzigartig. Sie ist ein Individuum und zugleich ist sie ein untrennbarer Teil von Gott, vom Ganzen. Die Seele möchte sich selbst erfahren, eigene Erfahrungen machen, aber diese Erfahrungen immer auch wieder zum Ganzen zurückbringen und sich wieder mit dem immensen, großen Netzwerk aller Seelen, aller Lebewesen verbinden.

Die Seele sehnt sich danach, einen Beitrag zu diesem Ganzen zu leisten. Die Seele will sich einerseits selbst finden, entdecken oder erfinden. Das ist aus einer höheren Perspektive betrachtet auch eines der Ziele der Seele.

Darüber hinaus möchte die Seele zum Ganzen beitragen, ihre einzigartigen Gaben und originalen, ursprünglichen Intentionen mit dem Ganzen teilen. Kurz gesagt hat die Seele als ein Ziel ihre persönliche Entwicklung und hat zudem als ein universelles Ziel das Beitragen zum Ganzen. Diese beiden Ziele waren von Anbeginn der Zeit in euch.

Es existieren im Universum verschiedene Seelengruppen – Bündelungen von Seelen, Seelenfamilien, so könnte man sie nennen. Es gibt eine Gruppe von Lichtarbeiter-Seelen, die nach euren Zeitbegriffen schon sehr alt sind. Ein Teil des Weges als junge Seele fand nicht auf der Erde statt, sondern an anderen Orten im Kosmos. Ihr habt eure Kraft dort ausprobiert. Ihr habt dort vor allem mit der Kraft des dritten Auges, eurer geistig-mentalen Kraft, gespielt und gesehen, wohin ihr mit eurer Schöpferkraft kommen könnt.

Lichtarbeiter-Seelen hatten bereits eine lange Geschichte hinter sich, ehe sie als Menschen auf der Erde inkarnierten. Die Vollendung der Reise einer Lichtarbeiter-Seele auf der Erde ist, erstrahlen zu können wie eine Blume. Eure Seele will frei werden und in dieser Bewegung des Frei-werdens strahlt ihr euer Licht von innen heraus und verbreitet es auf der Erde. Hier kommen diese beiden Ziele der Seele zusammen. Ihr habt euch selbst gefunden. Ihr spürt von innen heraus wer ihr seid, ihr findet sowohl den Platz für euch selbst als auch euren Platz im Ganzen. Das ist eure Bestimmung in diesem Leben. Eure Seele möchte in diesem Leben all das integrieren und von psychischen Verwundungen genesen, die sie während ihrer Reise durch die vielen Leben hindurch erlitten hat. Ihr könnt diese Wunde auch als Inkarnationsschmerz bezeichnen. In dieser Verwundung eurer Seele liegt eure Menschlichkeit. Weil ihr in so vielen Leben das Extrem der menschlichen Erfahrungen erlebt habt, kennt ihr das Menschsein auf eine sehr intime Weise von innen heraus.

Der Inkarnationsschmerz, den ihr in eurer Seele in diesem Leben mit-bringt, ist tatsächlich, wenn ihr es richtig betrachtet eine Frucht, ein Schatz, der entdeckt werden will. Es geht darum, ihn zu umarmen, ihn zu empfangen, dann realisiert ihr sofort, wie reich und tief euer Ge-fühlsleben während all der Erfahrungen geworden ist. Das ist eure Er-leuchtung, das ist euer Schatz.

Eure einzigartige Reise, eure Höhen und Tiefen und das Verständnis und Mitgefühl, die dadurch in eurer Seele geweckt werden: Das ist das Christus-Bewusstsein. <u>Das Christus-Bewusstsein ist Liebe.</u>

Der Raum, den ihr zu bieten habt, ist das Haus eurer Seele, dass ihr Stein für Stein selbst auf eurer irdischen und kosmischen Reise aufge-baut habt. Dieses Haus ist das Ergebnis einer Reise und es bietet allem, das lebt und Bewusstsein hat, ein offenes Willkommen. Und ihr baut noch immer an eurem eigenen Haus. Dies wird euer Zuhause. In dem Moment, indem eure Seele wirklich erwachsen wird und Erleuchtung findet, geht sie nicht zurück zum Anfang, sie geht nicht in einem Ganzen auf und verschmilzt mit ihm.

Nein, ihr Haus steht auf seinem eigenen Fundament. Ihr habt dann eure Seelenmission vollendet – nicht allein für dieses Leben, sondern für so viele Leben, die vor diesem lagen. Damit kommt die Reise der Seele übrigens nicht zu einem Ende. Das Universum und eure Seele sind viel zu groß und prachtvoll und voller Kreativität. Es wird dann aus einem Herzens-Bewusstsein heraus ein neuer Anfang gemacht.

Liebt euch selbst dafür, wer ihr wart und wer ihr jetzt seid. Habt Respekt vor eurer eigenen Reise. Ich danke euch sehr. Ich (Christus) bin bei euch.

Streben und Sehnsucht der menschlichen Seele ist es, frei zu sein. Das ist ein großer innerer Anstoß – nicht des gewöhnlichen Menschen, sondern des Menschen, bei dem das göttliche Bewusstsein erwacht ist. Erkennt die Wahrheit und die Wahrheit wird euch frei machen. Die Wahrheit, das ist das Licht der göttlichen Welt. Die Wahrheit ist seine Grenzenlosigkeit. Und deshalb, wenn man von der göttlichen Freiheit spricht, die von der Wahrheit ausgeht, versteht man die Grenzenlosigkeit, d.h. das Streben der Seele danach, in der Grenzenlosigkeit zu leben.

Die Freiheit, im wahrsten Sinne des Wortes, gehört zur göttlichen Welt. Nur Gott ist absolut frei. Und deshalb erkennt die menschliche Seele, die in der Wahrheit lebt, Gott als Freiheit ohne Begrenzungen. Und wenn der Mensch diese Freiheit empfindet, verschwindet jede Last und alle Einschränkungen, die ihn bedrücken. Er empfindet Frieden, Weite, Erweiterung.

Für sein Bewusstsein gibt es keine Grenzen, mit nur einem Blick durchdringt er die Dinge. Die Sonne beginnt zu scheinen und alle edlen Keime, die tief in seiner Seele niedergelegt sind und seit Tausenden von Jahren darauf warten, hervorzusprießen, beginnen sich zu entwickeln und zu wachsen. Die Freiheit ist für das Erlangen eines hohen Ideals notwendig, nachdem der Mensch strebt. Der heutige Mensch ist nicht frei. Er strebt nach Freiheit, aber er sucht sie auf äußerlichen Wegen. Die Freiheit aber kann nicht von außen kommen.

Die Menschen von heute sind Sklaven und um sich zu befreien, müssen sie neu geboren werden. Die Neugeburt ist ein Abbruch jener Beziehungen, die uns jetzt hindern. Sie bedeutet eine Wiederherstellung jener urtümlichen Beziehung des Menschen zu Gott, die seit seiner

Entstehung auf der Welt existiert. Sie bedeutet eine Wiederherstellung seiner Freiheit. Denn ursprünglich wurden alle Lebewesen frei geschaffen. Wenn der Mensch frei sein will, darf er nur eine einzige Beziehung haben – die zu Gott.

Das einzige Wesen, das den Menschen völlig befreien kann, ist Gott. Gott will, dass alle Lebewesen frei sind, so wie er es ist und sie sollen frei sein, weil sie Teile des göttlichen Organismus sind. Aus diesem Grunde wird der Mensch nur dann richtig frei sein, wenn in ihm der lebendige Gott der Wahrheit zum Leben erweckt wurde, wenn in ihm der göttliche Geist und die göttliche Kraft zu wirken beginnen.

Schlägt die Seele den Weg der Liebe ein, erfreut sie sich an reichen Beziehungen und Möglichkeiten. Die Liebe ist der Weg der ewigen Erneuerung und des ewigen Verjüngens, ein Weg des ewigen Erlebens. Unsere Seele spürt, dass wir wachsen, im Prozess und auf dem Weg sind zu unserem eigentlichen Sein zu kommen als Gottes geliebte Ebenbilder. Weil das gute Ziel aber in unserer Seele eine Resonanz hat, sind wir ganz kraftvoll, gespannt und bereit zum Abenteuer.

Die Seele ist überall; sie ist gleichzeitig so klein und so groß, dass sie mit nichts gemessen werden kann. Wenn du unsicher bist, ob du auf deinem Seelenweg gehst, genügt es schon, dass du es einfach von ganzen Herzen sein willst und dass du die Dinge wirklich umsetzen willst, die du dir vorgenommen hast. Wie groß auch immer die Seele sein mag, sie ist gleichzeitig in allen Zellen des menschlichen Körpers anwesend. Je nach Bedarf kann sich die Seele verkleinern oder vergrößern. Die kleinen Zellen bauen den großen Körper.

Die Liebe ist eine Eigenschaft der Seele: Die Wärme, das Licht und die Kraft, das ist Gott, den ihr sucht. Er lebt in unserem Verstand, in unseren Herzen und in unserer Seele.

Wer ist in Wahrheit reich? Reich ist derjenige, dessen Verstand, Herz und Seele sich richtig manifestieren. Die Seele birgt in sich eine große Geschichte, sie trägt in sich große Kenntnisse, erinnert sich an alles. Die Dankbarkeit als Notwendigkeit, soll die menschliche Seele nicht nur für einen Moment, sondern auf ewig durchdringen.

Das irdische Leben des Menschen ähnelt dem trüben Wasser, das durch die Schichten der Erde fließt und sich reinigt. Die Schichten, welche dieses Leben durchläuft, sind sein Verstand, sein Herz und seine Seele. Sobald das Leben des Menschen diese Schichten durchquert, reinigt er sich und kommt wieder in Form einer reinen Quelle, von deren Wasser alle Lebewesen – Pflanzen, Tiere und Menschen – Gebrauch machen. Je reiner die Quelle ist, desto größer ist die Freude der anderen Lebewesen. Es gibt nur eine große göttliche Seele und alle anderen Seelen sind ihre Ausdrucksformen. Alles auf der Welt kann verschwinden, aber die Seelen niemals. Sie können nicht verschwinden, weil auch die göttliche Seele, das göttliche Bewusstsein nicht vergehen kann.

Wenn die Menschen in ihrem Bewusstsein anerkennen, dass sie lebendige, göttliche Seelen sind, dann verleihen sie ihrem Leben etwas Neues und geben ihm eine neue Richtung, weil es in der heutigen Entwicklung des Menschen keinen höheren Zustand gibt als den Zustand der Seele. Nur in der Seele kann sich Gott in seiner Vollständigkeit äußern. **Die Liebe kann sich nur durch die Seele vollkommen ausdrücken.**

Alle erhabenen Wesen in der göttlichen Welt erwarten in heller Erregung das Aufblühen der menschlichen Seele. Sie wissen, dass in ihr alle Äußerungen Gottes eingeschrieben sind.

Der menschlichen Seele wohnt eine solche Schönheit inne, wie in keinem anderen Lebewesen auf der Welt. Wenn die menschliche Seele aufblüht, dann werden alle Engel, alle Diener Gottes kommen. Mit ihrem Kommen bringen sie die neue Kultur, die ich Kultur der Liebe nenne. Seht ihr das Gute, erzeugt es in eurer Seele eine heilige Erregung.

Eine magische Kraft steckt in der Liebe. Man sagt, dass für die Liebe alles möglich sei. Die einzige Kraft, die magisch das ganze Wesen des Menschen umwandeln kann, ist die Liebe. Und sie soll überall in ihn eindringen, in die kleinsten Spalten seiner Seele, um ihn zu verwandeln. Die Liebe soll den menschlichen Geist erfüllen. Sie soll sich vollständig, vollkommen und grenzenlos in der menschlichen Seele äußern. Sie soll auch dem Wesen und den Inhalt nach im Herzen ewig sein.

Die Liebe im göttlichen Sinne ist eine bewusste Äußerung zwischen zwei erhabenen Seelen, die sowohl geistig, als auch dem Herzen und ihrem Bestreben nach auf dem gleichen Niveau stehen, also Seelen die gleich edelmütig, gleich geistig erhaben sind. Für die menschliche

Seele, die sich erheben will, gibt es nichts Unmögliches. <u>Du bist eine Seele und kein Körper!</u>

Das ewige Leben enthält unendliche Möglichkeiten. Unter Leben versteht man die allgemeine Weltseele, die sich in ihrer ganzen lebendigen Natur äußert. <u>Unsere Seelen sind Bestandteile dieser großen Seele.</u> Das Leben in der Zeit ist aber nur ein Schatten des Lebens oder die kleinste Projektion des gesamten Lebens.

Nur Seelen, die lieben und leuchten, können den anderen Seelen helfen. Nur derjenige, dessen Seele von der Liebe berührt ist, lebt. Der Erfolg der Seele hängt von der Zahl der Seelen ab, mit denen sie verbunden ist. Wenn viele Seelen ihre Liebe auf einen Menschen richten, kann er alles werden. Die Trennung der menschlichen Seele von Gott stellt einen der größten Momente im Dasein dar. Diese Trennung ist in der Welt der Engel unter der Bezeichnung Tagesanbruch der menschlichen Seele bekannt.

Die Seele ist ewig. Sie ist genauso wie Gott es ist. Wenn nur eine Seele dich liebt, dann ist sie im Stande, dir in den Schwierigkeiten des Lebens zu helfen. Die Seelen, das sind verschiedene Zustände, in denen sich das göttliche Bewusstsein in Zeit und Raum äußert.

Ich dachte eigentlich, dass Seelenkapitel sei hiermit beendet und dann kommt eine wunderbare, neue Christus-Botschaft genau zum Thema dazu. Ich möchte diese noch in großen Teilen anfügen, weil auch da wieder wunderbare Informationen für unsere Seele und unser Herz dabei sind, zeitlos und berührend.

Botschaft von Christus: Die Reise der Seele

Liebe Menschen,
ich bin Jeshua. Ich bin bei euch.

Heute möchte ich über eure Reise als Seele sprechen. Als Seele seid ihr unendlich viel größer, als eure irdische Persönlichkeit umfassen und erfassen kann. Die Seele ist über die Zeit erhaben, womit ich meine, dass sie an mehreren Orten gleichzeitig präsent sein und Erfahrung sammeln kann. Die Seele ist vergleichbar mit einer Sonne, einem Stern also, der gleichzeitig Strahlen hin zu mehreren Orten im Universum aussendet und von jedem Strahl aus eine einzigartige, besondere Erfahrung macht. Sie nimmt über diesen Manifestations-Strahl die durch ihn gemachte Erfahrung in ihrem Kern auf und reichert sich mit dieser an. So ist euer irdisches Leben – dieses Leben hier und jetzt in diesem Moment – wie _ein_ Strahl der Sonne, die eure Seele ist, _ein_ Manifestations-Strahl, von dem aus eure Seele spezifische Erfahrungen mit dem Leben, dem Menschsein sammelt und mit den dazugehörenden Emotionen und dem inneren Wachstum, das in einem irdischen Leben stattfindet.

Indem wir uns näher anschauen, wie solch ein spezifischer Strahl, eine Inkarnation also, zustande kommt, können wir sehen, wie sich die Seele auf ein neues Leben auf der Erde vorbereitet. Im Vorfeld eurer Ankunft, eurer Geburt als kleines Kind hier in der Materie hat die Seele eine Phase der Besinnung und Reflektion durchlaufen, von der aus sie dann den Sprung in dieses Leben wagte. Die Seele befindet sich im Leben nach dem Tod zumeist in einer Art Zwischensphäre, die ihr auch die astrale Welt nennen könnt – die Welt, in die ihr nach dem Tod eintretet. In dieser Welt, dieser Zwischensphäre oder Astralwelt, seid ihr noch immer mehr oder weniger ihr selbst. Ihr tragt dann zwar viel von euren Charakterzügen in euch und eurer inneren Entwicklung, wie ihr es auch hier auf der Erde tut, seid aber oft stärker mit einer übergeordneten Weisheit verbunden, die sich euch häufig durch Helfer oder Führer zum Ausdruck bringt.

Ihr seid im Allgemeinen mehr in Kontakt mit eurem Kern, besonders dann, wenn ihr auf eurem Weg bereits eine bestimmte Entwicklung abgeschlossen habt und euch im Übergang von einem egobasierten Bewusstsein zu einem herzbasierten Bewusstsein befindet. Zu diesen Seelen spreche ich hier. In dieser Seins-Sphäre findet vor eurem neuen Leben, wenn sich also eine neue Inkarnation abzeichnet, eine Art Intensivierung eures Bewusstseins statt, in der ihr fühlt, dass die Erde euch wieder einlädt oder sozusagen an euch zieht. Ihr fühlt etwas Einladendes von der Erde zu euch ausgehen und oft verspürt ihr dabei auch Angst und ein Widerstreben, weil ihr schmerzhafte Erinnerungen aus vorangegangen Leben und darin gemachten Erfahrungen mit euch tragt. Euer Drang, wieder in das Leben auf der Erde einzutauchen, geht daher meist mit gemischten Gefühlen einher.

Bei den meisten von euch, den Lichtarbeiter-Seelen, ist es so, dass sie auf der Erde eine Bewusstseins-Aufgabe erfüllen möchten, dass an diese Aufgabe aber auch ihre tiefsten Traumata, ihr Schmerz und ihre Ängste gebunden sind, weshalb der Sprung zur Erde – neben einem Versprechen, einer Verheißung – immer auch eine Konfrontation mit euren größten Ängsten und eurem größten Schmerz bedeutet.

Je mehr ihr euch einer neuen Inkarnation nähert, desto mehr fühlt und erkennt ihr unter Anleitung bestimmter Führer, was eure wichtigsten Themen für das kommende Leben sind. Es besteht ein von innen kommender Drang, diese Themen zu erkunden und sie zu erleben. Oft bestehen auch noch Spuren aus der Vergangenheit, die ihr klären möchtet. Es hat in der Vergangenheit Erfahrungen gegeben, die Spuren von Schmerz und Unverständnis hinterlassen haben und die ihr gerne auflösen möchtet. Es besteht also ein innerer Drang, euch Dingen zu stellen und zugleich gibt es eine liebevolle Kraft von außen, die sich in der Form geistiger Führer manifestiert. Diese Kraft von außen her weist euch auf Dinge hin, macht euch Vorschläge, gibt euch Rat. In diesem Sinne werdet ihr in der »Zeit« vor eurer neuen Inkarnation also vorbereitet und geführt, wobei Zeit dabei anders erlebt wird als hier auf der Erde – weniger in Termen von Tagen, Wochen, Monaten, sondern eher als eine Wellenbewegung im Fühlen von Ruhe und Fokussierung.

Der Fokus liegt dabei mehr und mehr auf dem Irdischen und ihr könnt dabei auch blitzhafte Bilder von Menschen und Situationen sehen, denen ihr in eurem irdischen Leben begegnen werdet. Es werden

Potentiale skizziert, Möglichkeiten, von denen ihr spüren könnt, dass sie genau diejenigen sind, weil sie euch herausfordern, tief in die Themen einzutauchen, mit denen ihr ins Reine kommen möchtet. Es sind in eurem Leben sozusagen bestimmte Kreuzungs- oder Schnittpunkte, Auswahlsituationen und Möglichkeiten festgelegt. Es ist wie ein Netzwerk von Straßen und Kreuzungen, wobei ihr zugleich die Wahl habt, nach rechts oder links abzubiegen. Das Netzwerk selbst ist mehr oder weniger vorgegeben oder vorherbestimmt, begonnen mit euren Eltern. Wer eure Eltern sind, steht zum Zeitpunkt eurer Geburt selbstredend fest und die Familie, die ihr euch aussucht oder zu der ihr euch von Natur aus hingezogen fühlt, ist eine Familie, die etwas in euch stimuliert oder auslöst, sodass ihr mit Themen konfrontiert werdet, die ihr dann im Rest eures Lebens ausarbeiten werdet.

Das »Anders«-Sein, das ihr mit eurer Geburtsfamilie erlebt, stammt nicht einfach nur aus diesem Leben. »Anders« zu sein ist für euch als Lichtarbeiterseele schon seit langem ein Thema und es ist daher wichtig, diese Thematik in einer breiteren Perspektive zu begreifen und nicht allein aus der Erfahrung eures jetzigen Lebens heraus.

Als Lichtarbeiterseele tragt ihr im Allgemeinen ein Thema in euch, dass fast alle Lichtarbeiterseelen teilen und dass sich in eurem irdischen Leben auch von klein auf manifestiert. **Lichtarbeiterseelen tragen ein Herzbewusstsein in sich**, das früher erwacht ist als das Herzbewusstsein im größeren Kollektiv. Lichtarbeiterseelen sind daher Vorreiter. Sie sind dem Massenbewusstsein voraus und es ist ihnen zu eigen, dass sie sich zu Orten hingezogen fühlen, an denen das Bewusstsein wie in einer Sackgasse feststeckt.

Lichtarbeiter fühlen sich gerufen, dort einen Funken neuen Bewusstseins zu legen. Dies bringt mit sich, dass sie häufig Lebensthemen auswählen und auch Situationen aussuchen, in denen eine Energie feststeckt oder blockiert ist, oft auch in der Geburtsfamilie. Lichtarbeiter legen oft inmitten alter, festgefahrener Energie neue Bewusstseinspfade. Dies beginnt oft in der Geburtsfamilie.

Dies ist oft ein schmerzhafter, herausfordernder Prozess für euch als Individuum, als irdischer Mensch. Aber es geschieht nicht zufällig, dass ihr in einer solchen Situation gelandet seid. Es ist Teil eures inneren

Drangs, eurer Mission als Seele, das Bewusstsein zu wecken und Bewusstseinspionier zu sein. Dies ist fast immer Teil eures Seelenplanes und ist der Grund und die Motivation dafür, dass ihr in ein irdisches Leben eintretet.

Euer Seelenplan hat immer zwei Aspekte: Ihr möchtet in diesem Leben auf der Erde ein inneres Wachstum erfahren und ihr möchtet frei werden von alten Lasten. Dies ist euer persönlicher Weg. Aber ihr werdet, wenn ihr euren persönlichen Weg erfüllt, auch das kollektive Bewusstsein um euch herum auf eine Weise berühren, die das Ganze verändert und in diesem Sinne erfüllt ihr daher die Rolle des Bewusstseinspioniers.

Sehr oft werdet ihr sehen, dass euer persönlicher Weg, auf den ihr euch von eurem spezifischen Trauma – eurem Schmerz, euren Belastungen aus eurer Geburtsfamilie – befreit, oft auch zeigt, was ihr mit den Menschen um euch herum, mit der Welt, mit dem kollektiven Bewusstsein zu teilen habt. Da wo ihr eure tiefste Angst und euren tiefsten Schmerz überwindet, entwickelt ihr Eigenschaften, die ihr kreativ in euer Wirken oder auch stillschweigend bei Menschen um euch herum einbringen könnt und werdet – dass ihr also eure Familie, eure Verwandten, eure Freunde durch das berührt, was ihr ausstrahlt.

Wie steht es nun mit dem Seelenplan, wenn es um eure Wahl- und Entscheidungsfreiheit geht? Was davon liegt fest und worin seid ihr frei, selbst zu wählen oder erschaffen?

Zu allererst ist es wichtig zu erkennen, dass ihr euren Seelenplan und all die Knotenpunkte in eurem Leben, die mehr oder weniger vorbestimmt sind, selbst aus eurem Bewusstsein heraus ausgewählt habt, ehe ihr dieses Leben gemeinsam mit helfenden, liebevollen Kräften besprochen und dann begonnen habt. Euer Seelenplan ist also kein Karma, über das außerhalb von euch bestimmt wurde. Es ist nicht etwas, dem ihr unterworfen seid. Es ist ganz und gar etwas, das ihr aus innerer Weisheit heraus zu erfahren beschlossen habt. Selbst wenn Dinge geschehen, die ungewöhnlich schwierige sind und von denen ihr euch nicht vorstellen könnt, dass ihr sie jemals selbst gewollt habt, ist es wichtig, Vertrauen in eure eigene Weisheit, die Weisheit eurer Seele und die kosmischen Kräfte zu haben, die eurer Seele beigestanden haben, und euch die Möglichkeit anzusehen, die diese schwierigen Situationen oder Herausforderungen euch bieten oder geboten haben.

Die Seele blickt weiter als der irdische Mensch und oft bewirken die intensivsten Herausforderungen und die dunkelsten Momente letztlich eine Umkehr, mit der ihr euch von alten Ängsten und Lasten befreit. Vertraut der Seele, ihrem Überblick und der Weisheit, die in ihren Entscheidungen liegt.

Wenn es darum geht, im täglichen Leben eigene Entscheidungen zu treffen, lasst euch vor allem von Gefühlen der Harmonie und Freude leiten. Entscheidungen, die mit diesen Gefühlen einher gehen, sind Entscheidungen, die mit eurer Seelenabsicht und mit dem übereinstimmen, was euch am weitesten bringt. Im Wesentlichen habt ihr auf der Erde immer die Wahl, Entscheidungen aus der Angst oder dem Wunsch nach Sicherheit und Geborgenheit heraus zu treffen oder auf der Basis von Vertrauen und entsprechend dem Sprung ins Unbekannte aus einem Gefühl der Hoffnung und Freude heraus. Dies ist die globale wichtigste Wahl, die ihr jederzeit, jeden Tag aufs Neue habt. Und sie ist eine sehr wichtige Wahl. Ihr könnt es so sehen: Wenn ihr auf der Basis von Angst, Misstrauen und euch selbst klein zu machen wählt – und es ist sehr menschlich, dies zeitweise zu tun – dann lauft ihr immer wieder in dieselbe Sackgasse.

Und auch dies gehört zu irdischen Erfahrung dazu: dass ihr bestimmte Muster zunächst wiederholt, bis ihr sie dann zu erkennen beginnt und im gegebenen Moment eine Wahl aus dem Licht und einem Selbstbewusstsein heraus trefft: aus dem Fühlen, wer ihr seid und dem Spüren, was u. a. euch Freude und Harmonie schenkt.

Wenn ihr eure Entscheidungen auf dieser Basis trefft, zieht ihr euch aus einem alten Muster oder dieser Sackgasse zurück und zieht neue Situationen, Menschen und Möglichkeiten an. Das ist eine wirkliche echte Wahl. Sie ist nicht vorbestimmt, sondern es ist vielmehr so, dass eure Seele euch ständig Situationen anbietet, in denen ihr wählen könnt. Wählt ihr Angst, wählt ihr Freude? Wählt ihr Ohnmacht, wählt ihr Autonomie, Schöpferkraft?

Die Seele wird euch immer aufs Neue in Situationen bringen, in denen ihr diese Wahl treffen müsst und das ist der Moment der Freiheit für euch.

Es ist niemals zu spät. Ihr könnt jederzeit <u>neu</u> wählen. Die Seele urteilt nicht über Entscheidungen, die ihr als Mensch trefft. Es ist ihr größter Wunsch, euch zu dienen und euch immer aufs Neue die Möglichkeit anzubieten. Denn ihr seid gewissermaßen ihre Bestimmung, das Ziel der Seele. In euch will die Seele eine bestimmte Erfüllung erreichen, Wissen erlangen, Wachstum erfahren und diese Frucht »mitnehmen« in dem Strahl, der aufwärts geht zum Kern der Sonne, dem Kern von euch selbst. Ihr seid nicht von eurer Seele getrennt: Ihr seid wie ein Sonnenstrahl, und ein Strahl ist nicht von der Sonne, von der Quelle des Lichts getrennt. Ein Seelenplan ist daher vor allem eine Zusammenarbeit zwischen der Seele und euch und ihr seid miteinander verbunden. Aber die irdische Persönlichkeit kann es sehr wohl so erleben, weil sie den großen Plan der Seele aus den Augen verliert, der gefasst oder vorbereitet wurde, bevor ihr dieses Leben begonnen habt.

Es ist gut eurem Seelenplan zu vertrauen und gleichzeitig zu erkennen, dass ihr ein schöpferisches Bewusstsein habt. Ihr seid Teil eurer Seele, die schöpferische Kraft eurer Seele ist immer bei euch. Je mehr ihr in Richtung der Liebe für euch selbst wachst, die Angst loslasst und offen seid für euer größtes Potential, desto mehr Möglichkeiten zieht ihr an, die dies widerspiegeln. In diesem Sinne liegt euer Lebensweg nicht fest. Es gibt vielerlei Potentiale, die jederzeit aktiviert werden können und daher könnt Ihr euch euren Lebensweg oder Lebensplan am besten als ein Feld von Knotenpunkten vorstellen, die ihr durchreist und von denen einige aktiviert werden und andere nicht, je nach euren Entscheidungen.

Ihr seid stets frei und obschon Ihr glaubt, von eurer Vergangenheit bestimmt zu sein, seid ihr dies in Wirklichkeit nicht. Die Entscheidung für Liebe und Freiheit ergibt immer eine neue Perspektive. Ich hatte begonnen zu erläutern, dass die Seele sich tatsächlich außerhalb der Zeit befindet und dass zwar ihre Strahlen, ihre Manifestationsstrahlen sich in der Materie und in Zeit und Raum befinden, aber ihr Kern nicht. Eure Quelle ist unabhängig von Zeit und Raum und das ist sozusagen auch die Garantie dafür, dass ihr – auch hier und jetzt – freie Wesen seid. Indem ihr Liebe, Stärke und Autonomie für euch wählt, bringt ihr das Licht eurer Quelle direkt in eure irdischen Manifestationen im Hier und Jetzt hinein und könnt die Vergangenheit löschen.

Ihr seid nicht das Opfer des Schicksals, eurer Familie, eurer Geburtsfamilie, von Schmerzen und Traumata aus der Vergangenheit. Ihr könnt euch jederzeit davon losmachen, daraus entbinden. Dies ist es in gewissem Sinne, worauf die Seele wartet und wozu die Seele euch ständig ermutigt, indem sie euch neue Möglichkeiten bietet.

Euer Seelenplan ist daher kein Gefängnis und keine Einschränkung, sondern ein Feld von Möglichkeiten und wenn auch bestimmte Linien besonders zu Beginn eures Lebens festliegen, herrscht doch ein enormer Reichtum an Möglichkeiten und Wahlfreiheit.

Mit dieser Erläuterung möchte ich euch Informationen darüber geben, was ein Seelenplan beinhaltet und gleichzeitig möchte ich euch einladen, die Anwesenheit eurer Seelenweisheit nun zu fühlen. Zu fühlen, dass sowohl die Sonne, als auch der spezifische Strahl, der ihr seid, lebendig in euch anwesend sind. **Ihr seid Schöpfer und der Sinn eures Lebens ist Freude und Erfüllung.** Alles was ihr durchlebt, steht in dessen Dienst. **Fühlt das in eurem Herzen. Fühlt dort die Quelle. Die Sonne die ihr seid. Und vertraut!**

Danke für eure Aufmerksamkeit!

Uff – Dieses Seelen-Kapitel hatte es ja ganz schön in sich, so viele hohe Informationen. Ich hoffe, ihr liebe Leser*rinnen habt es gut geschafft und seid nicht »hirntot« geworden, wie die geistige Welt sagt, wenn wir total abschalten, weil die Informationen zu heftig sind.

Zur Entspannung erzähle ich euch zwei schöne kurze Geschichten zum Thema Seele. Kürzlich hatte ich bei meinen Energieplatz-Führungen zwei junge Mütter, die mir jeweils tolle Geschichten von ihren kleinen Töchtern erzählt haben.

Die kleine Maya erzählte ihrer Mutter von ihrer Reise zur Erde: »Du Mama, als ich zum dir gekommen bin, musste ich tausendmal um die Erde fliegen, bis ich dich gefunden hatte.«. Da war sie etwa vier Jahre alt.

Die zweite Geschichte handelt von der kleinen Isabell, die auch etwa so alt war, also ca. vier Jahre. In diesem Alter fing sie an, mit Wasserfarben zu malen. Dabei hat sie sich ihre Arme immer blau angemalt. Ihre Mutter wusste nichts damit anzufangen und hat die kleine Isabell beim nächsten Mal, als sie wieder ihre Arme blau anmalte gefragt, warum sie das macht. Die Antwort war: »Du Mama, da wo ich herkomme, haben alle blaue Haut.«. So sollen einige Außerirdische eine blaue Haut haben, z.B. auf dem Sirius.

Rolf's Zusammenfassung des Seelen-Kapitels:

Wenn wir ein glückliches Leben führen wollen, haben wir darauf zu achten, dass sich unsere Seele bei uns wohlfühlt.

Das Herz ist das Sprachrohr der Seele, also fragt immer das Herz und nicht den Verstand, wenn eine Entscheidung ansteht oder eine Veränderung im individuellen Leben. Der Verstand ist ein guter Diener, aber ein schlechter Herr!

Die wichtigste Energie und Eigenschaft der Seele ist die Liebe, die göttliche Liebe. Orientiert euch bei allem, was ihr tut, an der göttlichen Liebe und handelt stets zum höchsten Wohle des Gesamten.

Nehmt Kontakt zu eurem höheren Selbst auf, das ist der göttliche Kern in uns. Sprecht mit ihm, betet zu ihm, geht in die Meditation und bittet um Hilfe oder Unterstützung, wenn ihr diese braucht.

Die Antwort kommt oft über unsere Intuition, die sogenannte innere Stimme, **folgt immer dem ersten Impuls!** Unsere Seele, Geistführer und Engel kennen unsere Lebensaufgabe, fragt sie danach, falls euch diese Aufgabe noch nicht klar ist.

So, jetzt widmen wir uns dem nächsten Kapitel, das von unseren Körpern handelt.

Eine kurze Erklärung zu einigen speziellen Informationen im nächsten Abschnitt: Darin sind wieder einige Informationen enthalten vom bulgarischen Meister Beinsa Douno (Peter Deunov), welcher in Amerika Medizin studierte und danach einer der größten Weisheitslehrer weltweit wurde. Ich habe seine Angaben bewusst nicht mit dem neuesten Stand der Schulmedizin verglichen, da er seinen irdischen Weg schon am 27. Dezember 1944 beendet hatte.

Unser Körper

Eine größere Schöpfung als den menschlichen Körper gibt es nicht!

Der menschliche Körper ist eine Wohnung, in der die Seele weilt. Diese Wohnung ist schön, in Zukunft wird dem Menschen eine noch schönere zur Verfügung stehen.

Freut euch und dankt für die Körper, die euch als Instrumente gegeben wurden, derer ihr euch bedient. Freut euch über alles was Gott geschaffen hat. Ich möchte euch, liebe Freunde, hier einen kleinen morgendlichen Gruß an euren Körper empfehlen: Wenn ihr im Bad vor dem Spiegel steht, begrüßt den Körper in etwa so: »Ich grüße dich, mein lieber Körper und ich danke dir dafür, dass du meiner Seele eine Heimat bietest in dieser Inkarnation. Du bist ein wunderschöner Körper und ich liebe dich!« Dann schaut ihr euch tief in die Augen, die Augen sind der Spiegel der Seele und sprecht zur Seele: »Ich liebe dich und erschaffe mit dir unser Paradies und das Paradies auf Erden.« Der letzte Satz ist mein (Rolf) Satz an meine Seele. Ihr setzt einfach das ein, was ihr jetzt erschaffen wollt. So, weiter geht es mit den Botschaften.

Der Körper ist ein Ausdruck der menschlichen Seele. Der menschliche Körper ist ein kleines Haus, in dem sich der Geist und die Seele nur zeitweilig aufhalten. Es reicht, den menschlichen Körper zu studieren, um sein inneres Leben und die verborgenen Kräfte in ihnen zu erkennen. So wie für den Bau eines Hauses eine bestimmte Menge Baumaterial – Ziegel, Steine, Balken und Sand – nötig ist, so sind für den Bau des menschlichen Körpers, innerlich und äußerlich, bestimmte Baustoffe nötig. Wenn nicht genug Baumaterial zur Verfügung steht, beklagt sich der Mensch, dass ihm etwas fehle. Achtet darauf, dass das Baumaterial das Beste ist, das es gibt. Viele Menschen geben z.B. ihrem Auto das beste Öl und Benzin, vernachlässigen aber sich selbst. Gebt euch auch die beste Nahrung!

Die göttlich geistige Welt ist da sehr klar, sie sagt, wir sollen die lichtvollste Nahrung zu uns nehmen. Das heißt Pflanzen, Obst, Gemüse, Früchte und Nüsse in bester Bio-Qualität. Denkt an das göttliche Gesetz: Du sollst nicht töten! Das bezieht sich natürlich nicht nur auf Menschen, sondern auch auf <u>alle Tiere</u>. Mit einer vegetarischen, veganen oder rohköstlichen Nahrung beschleunigt ihr euer spirituelles Wachstum ganz enorm. Der Mensch kann sich nicht richtig ernähren, wenn er keine Liebe zur Nahrung hat, die er in der physischen, geistigen oder in der Verstandswelt verwendet.

Was ist der Mensch an sich? Die Summe von Milliarden kleiner Seelchen oder Wesen, die sich im Namen der göttlichen Liebe einverstanden erklärt haben, in den Menschen einzudringen und für ihn zu arbeiten, ihm den Ausdruck eines Menschen zu verleihen. Der Mensch hat einen Magen – ein Organ für die Verdauung der Nahrung, in dem mehr als zehn Millionen Zellen enthalten sind, sie spielen die Rolle vernünftiger Diener, die ihre Arbeit, ohne zu murren, verrichten. Er hat eine Lunge, die aus mehr als 20 Millionen Zellen besteht, die ihren Dienst verrichten – sie nehmen die Luft auf und reinigen sie. Er hat auch ein Gehirn, das aus mehr als drei Billionen Zellen besteht, die sich an seiner geistigen Tätigkeit beteiligen. Durch den Magen, die Lunge und das Gehirn tritt der Menschen mit allen Welten in Berührung. Mit der physischen, mit der geistigen und mit der Verstandswelt. So bereichert er sein Wissen, gewinnt mehr Erfahrung und entwickelt sich richtig. Entwickelt gut das Seh-, das Hör- und das Geruchsvermögen, um selbst die Dinge prüfen zu können. Die Dinge werden klar, wenn sie gesehen, gehört, gerochen, getastet und geschmeckt werden.

Jeder trägt in sich unzählige Reichtümer. Er hat Augen, Ohren, eine Nase, ein Herz, eine Lunge, einen Magen usw. All diese Dinge kosten Millionen und er gilt als arm. Er hat auch einen Geist und eine Seele, die genauso wertvoll sind. Sollte der Mensch bei diesem Reichtum als arm gelten? Sollte der Mensch bei den Heilmethoden, die in ihm angelegt sind, denken, er sei krank und könne nicht gesund werden? Gott heilt alle Krankheiten und Gebrechen des Menschen. Mit anderen Worten: Die Liebe heilt alle äußeren und inneren Krankheiten und Gebrechen. Sie heilt, erhebt und lässt den Menschen zum Leben erwachen.

Wie sich der Mensch zu seinem Körper verhält, so soll er sich zu seinem Verstand, zu seinem Herzen und zu seiner Seele verhalten. Sie benötigen auch eine Pause. Wenn sie tagsüber arbeiten, sollten sie abends ruhen und sich von Sorgen und Unruhen befreien. Wie die Menschen sich von den Früchten der Bäume ernähren, so ernähren sich die viel niederer und viel höher stehenden Wesen von seinen Gedanken und Gefühlen. Die Gedanken, die Gefühle und die Taten des Menschen gelangen als Bestandteile in die Organismen anderer Wesen. Also der Wert des Menschen wird durch die Früchte bestimmt, die er anderen Wesen gibt. Deshalb sagen wir, der Mensch trage Verantwortung für seine Taten.

Kaut der Mensch das Brot richtig und der Magen verdaut es gut, entwickelt der Mensch Kraft. In Stille essen und sich dabei auf die Nahrung konzentrieren, um auch die feinstofflichen Elemente bewusst aufzunehmen, führt zu höherer Energieaufnahme. Der menschliche Magen ist ein großer Betrieb, an dem sich 10 Millionen Mitarbeiter beteiligen. Wer den Sinn ihrer Arbeit nicht versteht und sie nicht schätzt, sagt, das Essen sei eine einfache Angelegenheit.

Klein ist der Mensch, aber Milliarden von Zellen, d.h. Milliarden von winzigen Wesen bilden seinen Körper und leben seinetwegen.

Im Laufe des Tages öfters langsame und tiefe Atemzüge machen. Öfters die Luft einige Sekunden in den Lungen zurückhalten, die Lungen »kauen« dann die Luft, das führt zu höherer Energie.

Beim Atmen gibt es einen Austausch von uns und dem Universum, beim Einatmen nimmt man Energie aus dem Weltraum auf, beim Ausatmen strahlt etwas von unserem Herzen und unserer Seele hinaus.

Die Kraft und das Licht Gottes einatmen, um dann dieses Licht der ganzen Welt weiter zu geben. Beim Atmen solltest du die Luft langsam ein- und ausatmen. So wie die Luft eindringt, so soll sie auch austreten. Fünf Minuten wirst du atmen, aber dabei wirst du nur an göttliche, erhabene Dinge denken, ohne dich von gewöhnlichen Dingen abbringen zu lassen.

Der Mensch soll bewusst atmen, tief und achtsam. Am Atmen sollen sich die Vernunft, das Herz und der Wille beteiligen. Die Gesundheit des Menschen hängt von der Menge der Luft, des Lichtes und der Wärme ab, die er von der Außenwelt aufnimmt. Das Atmen hat dann eine Bedeutung, wenn das Denken, die Gefühle und der Wille daran teilnehmen. Das Atmen ohne einen konzentrierten Gedanken nützt nichts. Von Zeit zu Zeit Entspannungsübungen durchführen, z.B. 1-2 Minuten in einen Ozean von Licht eintauchen, danach energiegeladen wieder aufstehen.

Auch die Hygiene des physischen Lebens beginnt mit der richtigen Nutzung des Lichtes, das in den Pflanzen und Früchten gespeichert ist. Anders gesagt, die Hygiene beginnt mit der richtigen Ernährung.

In allem, was ihr tut, sollt ihr Liebe und Zuneigung äußern. Dann werden euch die Bewegungen und die gymnastischen Übungen stark machen um den anderen zu helfen. Um euch gut zu entwickeln, braucht ihr einen guten Umgang mit euch selbst, d.h. mit allen euren Gliedmaßen. Dem Menschen ist es nicht erlaubt, grob mit sich selbst zu sein. Es reicht, sich im Spiegel zu betrachten, um nachzusehen ob die Augen klar oder trübe sind. Klare Augen zeigen, dass der Mensch in sich gerade Gedanken, gerade Gefühle und gerade Handlungen hervorgebracht hat.

Alle Zellen in euch sollen danken und sich freuen, dass sie leben und Gebrauch von den Gütern des Lebens machen. Öffnet eure Herzen vor Gott, damit er sieht, was in ihnen ist und damit er euch helfen kann. Er weiß alles, aber ihr sollt bereit sein, euch für sein Licht zu öffnen.

Heute verursacht die Lieblosigkeit die Krankheiten. Wenn die Menschen die Liebe annehmen und anwenden würden, würden 99% der Krankheiten verschwinden. Das Denken und das Fühlen sind konstruktive Prozesse. Sie benutzten das physische und das geistige Material zur Errichtung des physischen, geistigen und emotionalen Körpers des Menschen.

Ist der Mensch grob zu sich selbst, dann ist er zu den anderen Menschen noch gröber. An euch selbst werdet ihr lernen und am Nächsten werdet ihr das Gelernte anwenden. Seid achtsam mit euren Gliedmaßen, bevor sie krank werden. Habt einen guten Umgang mit eurem Verstand und mit eurem Herzen, damit ihr die Bedingungen nutzen könnt, die in ihnen angelegt sind.

Die heutigen Menschen sterben an Lieblosigkeit und erwachen zum Leben, wenn sie geliebt werden. Die Ursache für viele Krankheiten des Menschen ist schwache Vegetation in seinem Organismus. Die Vegetation in seinem Gehirn, in seinen Lungen und in seinem Magen lässt nach, weshalb die Organe erkranken. Ist die Vegetation des Menschen stark genug, so erfreut er sich eines langen Lebens.

Die Menschen erkranken oft an Krebs aufgrund ihrer großen Gier nach Geld und Bereicherung. Sobald der Verstand, das Herz und die Seele des Menschen erwachen, beginnt er bewusst zu leben.

Viele Menschen geben sich nicht richtig die Hand. Sie reichen nur einen, zwei oder drei Finger. Du solltest aber die ganze Hand reichen, damit man weiß, auf dich ist Verlass.

Der Körper des zukünftigen Menschen wird im Vergleich zum jetzigen feiner sein und er wird im Äther leben. Er wird sich dann zwischen Erde und Mond frei bewegen können, denn der Raum zwischen diesen Planeten ist von Äther erfüllt, an den der Mensch angepasst sein wird.

Sobald sich der Verstand geäußert hat, äußert und erhebt sich auch das Herz. Das Herz gibt dann dem Körper und seiner Kraft die Möglichkeit, sich zu äußern. Das heißt, dass der Verstand, das Herz und der Wille miteinander verbunden sind.

Sowohl der Baum als auch der Mensch müssen sich jedoch richtig entwickeln, sowohl die Zweige als auch die Wurzeln müssen gleichermaßen wachsen, d.h. der Mensch muss sich sowohl materiell als auch geistig entwickeln.

Unser Gehirn ist auch im Erwachsenenalter noch formbar, dies nennt sich neuronale Plastizität. Es funktioniert wie ein Muskel, ist also trainierbar. Der Gedanke ist eine mächtige Kraft, die den Mensch heilt und erhebt.

Wenn ihr beschließt, an euch zu arbeiten, euch zu reinigen und eure feinstofflichen Körper empfänglich und empfindsam zu machen, werdet ihr feststellen, dass es in Wirklichkeit keine Trennung zwischen euch und dem Himmel gibt.

Es reicht, den Menschen äußerlich und innerlich zu reinigen, um sein göttliches Gesicht zu sehen, das in Schönheit, Licht und Liebe erstrahlt. Auch wenn uns nur noch wenig Lebenszeit bleibt, müssen wir immer weitermachen, denn wir nehmen in die andere Welt alle spirituellen Errungenschaften mit uns, wenn wir aufrichtig versucht haben, uns zu vervollkommnen.

Deshalb ist gesagt worden, dass der Mensch sich von allem Irdischen, von allem Menschlichen lossagen muss, nichts darf er mit in sich tragen, wenn er in die andere Welt hinüber geht. Im Jenseits gibt es mehr und wertvollere Güter als die irdischen.

Wenn wir lange an uns arbeiten, spüren wir irgendwann eine lebendige Wesenheit, die uns beschützt, reinigt, belehrt und erleuchtet und uns in schwierigen Situationen die nötige Unterstützung gibt. Wie wird man nicht müde? Das zu lieben, was man tut, setzt alle Energien frei. Will der Mensch seine Kraft behalten, soll er sich niemals weigern, Gutes zu tun. Wenn ihr entschieden habt, Gutes zu tun, schiebt es nicht auf.

Zum Abschluss dieses Kapitels möchte ich eine Botschaft von Peter Deunov original und unverändert (wörtlich) weitergeben, die für mich (Rolf) einfach sensationell ist, die ich noch nie gehört oder gelesen habe, die aber vieles erklärt. Laut Peter Deunov haben die Menschen ein ätherisches Doppel, dass z.B. durch uns wirkt, wenn eine Musiker göttlich musiziert, ein Maler göttlich malt, ein Dichter göttliche Verse von sich gibt oder wenn wir sagen: »Es hat durch mich gewirkt«. Wenn wir also Dinge vollbringen, die nicht von dieser Welt sind. Auch körperliche Störungen können mit diesem ätherischen Doppel in Zusammenhang stehen.

Er erklärt es folgendermaßen: »Was ist die Ursache der Krankheiten? Die Ursache der Krankheiten liegt in der Disharmonie zwischen dem ätherischen Doppel und dem physischen Körper des Menschen. Im vorderen Teil des Gehirns befindet sich eine besondere Art weißer Gehirnfasern oder Gehirnfäden, durch die sich die Tätigkeit des menschlichen Bewusstseins äußert. Das Bewusstsein ist mit dem ätherischen Doppel verbunden, oder mit dem sogenannten zweiten Körper des Menschen, oder mit dem Mittler der Naturkräfte. «

Also ist das ätherische Doppel ein Apparat, durch den die Kräfte und die Energien der Natur sich äußern. Der physische Körper des Menschen lebt dank diesem ätherischen Doppel. Folglich, wenn das Verhältnis zwischen dem ätherischen Doppel und dem physischen Körper richtig und harmonisch ist, wird der Mensch immer gesund sein. Wenn dieses Verhältnis unharmonisch ist, entstehen im Menschen eine Reihe schmerzhafter Zustände. Und umgekehrt: Wenn eines der Organe des physischen Körpers erkrankt, wird die Harmonie zwischen dem ätherischen Doppel und dem physischen Körper gestört. Um euch nun von der Krankheit zu heilen, soll eure erste Arbeit auf die Wiederherstellung der gestörten Verhältnisse zwischen dem geistigen und dem physischen Körper ausgerichtet sein.

Die neue okkulte Hygiene soll jetzt studiert werden. Jetzt sollen wir selbstverständlich die Beziehung, die zwischen dem ätherischen Doppel des Menschen und dem menschlichen Körper existiert, studieren, das ätherische Doppel, welches das Herz mit dem Verstand des Menschen verbindet.

So sage ich, sie beeinflussen sich. Manchmal sagt ihr, dass sich das Herz zusammenzieht. Es ist dasselbe Gesetz, wenn sich das Herz zusammenzieht und wenn ein Mensch sich erkältet hat und sein Körper sich zusammenzieht. Der ursprüngliche Zustand – die Erweiterung der Kapillaren – soll wiederhergestellt werden. Die Kapillaren sind mit dem Äther-Doppelgänger verbunden. Wenn eine Verengung der Kapillaren geschieht, kann der Äther-Doppelgänger nicht richtig funktionieren.

Manche Menschen leiden, weil ihr ätherisches Doppel nicht richtig in ihrem physischen Körper ein- und austreten kann. Euer ätherisches Doppel soll richtig in euren Körper hineintreten, musikalisch im Takt. Wenn es richtig ein- und austritt, ist der Mensch gesund. Wenn nicht, dann besteht eine Anomalität.

Rolf's Zusammenfassung des Körper-Kapitels

Ihr könnt nur dann glücklich sein, wenn es auch eurem Körper gut geht! Achtet und liebt euren Körper, dankt ihm, er wurde euch von Gott gegeben. Gebt ihm die beste Nahrung (fleischlos) und die besten Gedanken.

Haltet euch mit den legalen Drogen, also Nikotin, Koffein und Alkohol stark zurück, noch besser ist es, diese völlig wegzulassen. Trainiert die Kraft und Ausdauer eures Körpers, am besten in der Natur. Macht regelmäßig gymnastische Übungen.

Dankt jeden Morgen unserem Herrgott, wenn ihr gesund und fit erwacht. Nutzt die Sonnenenergie für den Körper, Näheres im Kapitel zur Sonne.

Vergesst das Alter eures Körpers, wir sind so alt wie wir uns fühlen. Orientiert euch an Menschen, welche mit fast 100 Jahren noch sehr fit sind, dass ist auch für uns möglich.

Fordert euren Körper, aber überfordert ihn nicht. Nach größeren körperlichen oder geistigen Leistungen gönnt dem Körper die Erholung.

Die Engel

Die Engel, die uns am nächsten sind, werden Schutzengel genannt. Sie sind unsere Verbindung zur göttlich geistigen Welt.

Jeder Mensch hat seinen persönlichen Schutzengel, der uns während der gesamten Inkarnation beschützt, begleitet und führt. Viele Schutzengel sind mehrere Inkarnationen bei »ihrem« Menschen.

Hat ein Mensch besonders fordernde oder schwierige Aufgaben vor sich, kann er auch zwei oder mehrere Schutzengel bei sich haben. Ich persönlich werde von meinem lieben »Magnus« wunderbar durch das Leben geführt und beschützt. Da ich in meiner ersten Lebenshälfte ziemlich schnell unterwegs war, ich hatte einige Horrorszenen mit Autos und Motorrädern, die ich ohne meinen phantastischen Helfer sicher nicht überlebt hätte, dafür bin ich »Magnus« ewig dankbar. Ich bedanke mich von ganzem Herzen jeden Tag bei meinem »Magnus«.

Auch in der Engelwelt gibt es Hierarchien, über den Schutzengeln stehen die Erzengel. Diese beiden Engels-Gruppen sind uns Menschen am nächsten. Die höheren Engel, wie Mächte, Fürsten, Throne, Cherubim und Seraphim sind in den höchsten geistigen Ebenen zuhause und kommen kaum auf die Erde herab. Aber unsere Erzengel und Schutzengel tun alles engelmögliche, dass wir unsere Seelenziele und Lebensaufgaben meistern. Wir bekommen ständig Botschaften von ihnen, individuell und als Menschheit. Einige davon werde ich Euch in diesem Engel-Kapitel präsentieren.

Einen Kontakt in die geistige Welt habe ich auch noch, den ich hier mit erwähnen möchte. Vor 25 Jahre kam der aufgestiegene Meister »Hilarion« schon mal in mein Leben, in Garmisch, zu dieser Zeit war ich leider für ihn noch nicht offen. So hat er ca. vor 7 Jahren nochmals bei mir angeklopft und jetzt konnte ich ihn in meinem Leben willkommen heißen. Er schickt Botschaften, Informationen und hilft mir und Millionen von Menschen z. B. bei tiefen Mediationen.

Ich habe das Gefühl, dass wir beide sehr eng miteinander verbunden sind. Das tut sehr gut! Die erste Engel-Botschaft, die ich Euch präsentiere, ist sehr aktuell und kommt vom Erzengel »Michael«.

Botschaft von Erzengel Michael:

Es sind jene von Euch, die still ihren täglichen Pflichten nachgehen, indem sie kleine, stetige Verbesserungen in sich selbst vornehmen, während sie die Liebe/ das Licht der Schöpfung in die Erde und die Welt ausstrahlen, die den dramatischen Einfluss auf die negative irdische Umgebung ausüben. Wir suchen Weltdiener auf der Basis-Ebene. Jeder einzelne von Euch wird gebraucht, um das kollektive Bewusstsein der Massen anzuheben und zu verfeinern.

Die Lektionen des Lebens werden durch die Erfahrung dessen, was ihr erschaffen habt, gelernt. Ihr müsst lernen, mit der Reinheit Eures Herzens und mit der Absicht der höchsten Ordnung zu beten. Wenn Ihr Euren Lichtquotienten (Erklärung dazu auf S.42 am Ende der Botschaften) erhöht, werdet Ihr die magnetische Anziehungskraft des Herzens verstärken. Ihr müsst lernen, die Euch geschenkte Fülle mit Dankbarkeit und einem dankbaren Herzen zu empfangen. Warum beginnt Ihr Euer Missions-Statement nicht mit einer Auflistung der negativen Dinge in Eurem Leben, die Ihr gerne ändern würdet? Beginnt mit einigen kleinen Veränderungen in Eurem Leben, und denkt daran, dass Ihr bei Euch selbst anfangen müsst. Wenn Ihr unsere Werkzeuge nutzt, die wir Euch geben, werdet Ihr anfangen, dramatische Veränderungen in Eurem Leben zu sehen.

Wir bitten Euch, uns auf die Probe zu stellen! Setzt jene grundlegenden Konzepte, die wir Euch geben, langsam, aber gewissenhaft, in Eurem täglichen Leben um, mit denen Ihr am stärksten in Resonanz steht. Gebt uns die Erlaubnis, Euch zu führen und zu inspirieren, und wenn Ihr das tut, werdet Ihr die Kräfte des Himmels hinter Euch haben.

Diese Zeit ist von entscheidender Bedeutung, denn es ist sehr offensichtlich, dass die Angst und der Zorn der Massen, die Macht der Naturkräfte und die Veränderungen und die Reinigung der Erde sich beschleunigen und jeden Tag an Intensität zunehmen.

Es baut sich eine intensive Polarisierung zwischen den verschiedenen Fraktionen auf, nicht nur an isolierten Orten auf der Welt, sondern in jedem Land, unter Einbeziehung jeder Rasse, Kultur, Religion und politischen Zugehörigkeit.

Zurzeit besteht kein Zweifel, das der Erwachens- und Evolutionsprozess jener, die in irgendeiner Weise im spirituellen Bewusstsein fortgeschritten sind, beschleunigt wird wie nie zuvor in der Geschichte der Welt.

Dies geschieht, damit sie als Übermittler und Interpreten des universellen Gesetzes und der kosmischen Wahrheit wirken können. Ihr bereitet Euch darauf vor, regelmäßig mit den vielen Facetten Eures Höheren Selbst und den großen Wesen des Lichts zu interagieren.

Erinnert Euch, meine Mutigen, in jeder Ära und in jedem großen Zyklus werden die kosmischen Weisheiten und die göttliche Wahrheiten denen zugänglicher gemacht die einen offenen Verstand und ein liebendes Herz haben. Unterwerfung unter den Willen unseres Vater/Muttergottes bedeutet, sich an die universellen Gesetze zu halten, wie sie Euch offenbart werden.

Ein Selbst-Meister strebt immer danach, die höchsten Entscheidungen zu treffen, hat ein brennendes Verlangen, anderen zu dienen und ist immer für seine Handlungen verantwortlich. Ein wahrer Kanal der Kraft und des Lichts in der materiellen Welt ist eine bewusste Verkörperung der Göttlichkeit – ein Hüter des göttlichen Prinzips. Ruft uns an und erlaubt uns den Weg zu erleuchten, wenn Ihr in die Zukunft geht. Ihr werdet zutiefst geliebt.

ICH BIN Erzengel Michael

Bemerkung von Rolf:

Die Liste mit den Punkten zur Lebensverbesserung führe ich seit meinem Ausstieg und habe beste Erfahrungen damit gemacht. Ich empfehle fünf bis maximal zehn Punkte aufzuschreiben, sieben wäre auch hier eine gute Zahl und diese Liste regelmäßig anzuschauen, so alle zwei bis drei Monate, Ihr werdet eine Riesenfreude haben, wenn Ihr ein Häkchen hinter die ersten Ziele machen könnt.

Die nächste Botschaft ist von Erzengel Raffael. Ein kurzer Kommentar von mir. Erzengel Raffael ist als erster Erzengel intensiv in mein Leben gekommen, vor etwa zehn Jahren. Er hat wunderbare Botschaften und

Affirmationen in seinen Büchern durchgegeben, die ein fester Bestandteil meines Lebens geworden sind. Diese Bücher sind im Ch. Falk Verlag
erschienen, die Details dazu findet ihr am Ende, im Literaturverzeichnis.

Botschaft von Erzengel Raffael und den Engeln der Heilung

Es ist die Zeit des Wandels – der Veränderung – der Transformation – in
der ihr euch auf individueller Ebene und auf planetarer Ebene befindet.
In jedem von euch geschieht so viel – so viel Veränderung – die euer
inneres und auch euer äußeres Sein berühren. Das Licht der Quelle
scheint so kraftvoll in dieser Zeit. Öffnet euer Herz für die Wahrheit – die
reine Liebe ist und die in jedem noch so kleinen Teilchen präsent ist.

Erkennt diese Zeit als Möglichkeit grenzenloser Transformation – die
Euch voll ins Bewusstsein Eures göttlichen Seins bringt. Erkennt in Euren Herzen – dass ihr Schöpferwesen seid – mächtige Schöpferseе-
len – die hier die neue Erde – das neue Mensch-Sein verwirklichen.
Jeder einzelne von Euch ist wichtig in diesem Prozess der persönlichen
und planetaren Transformation. Geht in Euch – geliebte Lichter – in Euer
Herz und bringt Euer Licht – Euer Herzens-Licht in diese Welt – in jeden
noch so verborgenen Winkel und seht – wie die Dunkelheit weicht und
es Licht wird – in Euch und um Euch. Wir sind mit Euch und atmen gemeinsam mit Euch als das göttliche Liebes-Licht.

ICH BIN Engel Raffael.

Auch Erzengel »Gabriel« sendet uns eine schöne Botschaft

Es gibt so viele von Euch, die in ihrem Verkörperungsprozess weit fortgeschritten sind und höhere Schwingungsenergien auf Eurem Planeten
verankern. Während Ihr Euch vielleicht an einem Ort befindet, an dem es
nicht so aussieht, als gäbe es viel Licht, bedeutet das nicht eine Sekunde
lang, dass das Licht nicht existiert oder dass es nicht genug von Euch
gibt, um gemeinsam eine Verschiebung und Veränderung zu bewirken.

Ihr könnt Euch es so vorstellen, dass Ihr über die ganze Welt verstreut
seid und ein neues Fundament erschafft, das in den neuen Energien
tragfähig sein wird und auf dem aufgebaut werden kann. Ihr seid die

Bauarbeiter, die unermüdlich mit Ihrem Glauben, Ihrem Vertrauen und Ihrem Fleiß im Einsatz waren und sind, um sich auf die Zeiten vorzubereiten, in denen Ihr jetzt seid. Ihr habt sowohl Eurer Erde als auch der Menschheit gedient.

Während es im Moment chaotisch erscheinen mag, ist dieses feste Fundament das, was diejenigen stabilisieren wird, die nicht länger von den alten Energien versorgt sind und Unterstützung darin suchen, in das Neue zu wechseln. Es sind Eure Bemühungen, die den Prozess des Erwachens viel schneller und einfacher für diejenigen machen werden, die bereit sind, mit ihrem eigenen Erwachungsprozess zu beginnen. Es werden aufgrund der Vorarbeit, die Ihr geleistet habt, weit schnellere Verschiebungen möglich sein. Wir weisen darauf hin, dass die große Mehrheit von Euch durch Ihre eigenen dunklen Nächte der Seele gehen musste, um sich zu entwickeln. Ihr versteht diesen Prozess, dass, wenn es schmerzhaft wird, immer alles beim Alten zu lassen, die Menschen den Wandel bejahen. Das ist der Punkt, an dem so viele jetzt sind. Es kann schmerzhaft, verwirrend und desorientierend sein. Das Alte loszulassen ist notwendig um das Neue zu bejahen und für viele bedeutet es zu entdecken, dass das Alte Ihnen einfach nicht mehr dient, auch wenn sie sich noch so sehr dafür eingesetzt haben.

Desillusionierung kann wie eine bittere Pille sein, die man schlucken muss und es kann einige Zeit dauern bis man sich mit ihr abgefunden hat. Dies kann ein sehr schmerzhafter Prozess sein, da es für Menschen normal ist, sich an das Alte und Vertraute klammern zu wollen. Ihr seid durch alle Perioden der Dekonstruktion gegangen, um dann mit dem Neuaufgaben zu beginnen und wenn es auch am Ende immer eine große Verbesserung ist, kann es unglaublich beängstigend sein, sich inmitten der Transformation zu befinden. Seid freundlich und mitfühlend, denn vielleicht wart Ihr selbst vor nicht allzu langer Zeit innerlich an einem ähnlichen Ort.

Vertraut also dem Prozess und wartet mit Eurem weisen und liebevollen Herzen auf. Dies sind genau die Zeiten, von denen Ihr gehofft habt, dass Ihr sie erleben könntet. In Eurer Präsenz und Eurem Wissen geerdet zu bleiben, ist genau die Art und Weise wie Ihr Stabilisierungspunkte für Euch selbst und für andere erschafft. Ihr macht eine großartige Arbeit!

Noch eine Botschaft von Erzengel »Gabriel«

Im Universum geht keine Information verloren, alle Daten und Zeitlinien sind weiter vorhanden und abrufbar. Das Universum ist wie alle Seelen und Planeten ein lebendiger Organismus, der sich aus lauter Informationen zusammensetzt, die niemals verloren gehen. Irgendwann werden wir uns bewusst, woher unsere Seele kommt und welchem Seelen- und Lebensplan wir folgen, der bei jedem von uns individuell ist. Das Modell von Hingabe, Glauben, Fluss und Vertrauen, das wir die göttliche Kombination nennen, ist tiefgreifend, denn wenn diese Elemente zusammen eingesetzt werden, öffnen sie die Tür zu so viel mehr. Die Elemente wirken zusammen und schaffen Gleichgewicht, Heilung, größeres Wohlergehen und unterstützte Vorwärtsbewegung. Glaube und Vertrauen zusammen öffnen die Tür zu Akzeptanz und Einwilligung/Bewilligung. Akzeptanz und Einwilligung schaffen Geduld und Frieden. Aus diesem Raum heraus verkörpert Ihr Euer Wesen und Sein und Eure volle Präsenz, was wahrlich Euer größter Herzenswunsch ist, denn durch Euer Sein und Eure Präsenz seid Ihr in der Lage, Euren höchsten Lebensausdruck zu erleben.

Es ist alles für Euch da, Ihr Lieben und es beginnt mit den Kernelementen Hingabe, Glauben, Fluss und Vertrauen.

Noch einige schöne Anmerkungen von Peter Deunov

Öffnet Eure Ohren, um die Worte zu hören, die Er sagen wird, um sie rechtzeitig dorthin zu übertragen, wohin sie übertragen werden sollen. Nur so werdet Ihr die Engel – die Diener Gottes – kennenlernen; die Cherubim und die Seraphim, die Gott am nächsten sind und mit allen erhabenen Wesen, die für die Anwendung der göttlichen Ordnung in der Welt arbeiten.

Fragt nicht warum Ihr auf die Erde gekommen seid, aber haltet das für ein Privileg: Manche Engel, die höhere Dienste auf der Erde einnehmen, würden gerne Ihren Platz gegen Euren tauschen. Sie wollen auf die

Erde kommen um zu sehen wie die Menschen leben. Die Engel arbeiten unermüdlich und reisen ständig durch den Raum. Sie steigen zur Erde hinab, besuchen alle Planeten, bringen die Gebote, die ihnen von höheren Orten gegeben werden. Sie erfüllen ununterbrochen Gottes Willen. Manchmal reisen sie in Gruppen, manchmal einzeln.

Welche Form auch immer der Mensch abzubilden vermag, diese Form soll schön sein und die Aufmerksamkeit der Wesen aus der höheren Welt erregen. Die Engel lieben schöne Seelen! Wenn Deine Seele nicht mit einem schönen Gewand gekleidet ist, wie wirst du dann in der Welt der Engel erscheinen? Wer sind die Gerechten, die leuchten? Das sind die Engel, die Diener Gottes. Der reine, gerade Gedanken ist eine Errungenschaft der Engel. Das was die Menschen einen Gedanken nennen, ist eigentlich Einbildungskraft. Würdet Ihr in die Gesellschaft der Engel eintreten, würdet ihr nur sehen, dass ihr Mund sich bewegt, aber würdet nichts hören. Die guten und erhabenen Wesen – Menschen und Engel- arbeiten in der Welt mit den eigenen Gedanken und Gefühlen und erheben die ganze Menschheit.

Erklärung des Lichtquotienten:

Der Lichtquotient drückt aus, wieviel Licht unsere Zellen aufnehmen können. Er wird angehoben, wenn wir unser Fühlvermögen für Energie anheben. Wenn wir in der Lage sind, Energien zu fühlen, Frequenzen zu fühlen, dann deshalb, weil wir bewusst unsere niederen Emotionen in freies Fühlen umwandeln, was uns im Gegenzug erlaubt, mehr Licht in unserem System zu empfangen.

Je höher unsere Schwingung ist, desto höher ist unsere göttliche Intelligenz und die Fähigkeit zu lieben.

Die Anhebung des Lichtquotienten ist die große Erweckung der Menschen!

Rolfs Zusammenfassung des Engels – Kapitels

Wenn wir ein glückliches Leben führen möchten, brauchen wir die Verbindung zur göttlichen geistigen Welt. Von dieser Welt sind wir als Menschen, die materiell in der dritten Dimension leben, zu weit entfernt um direkt mit ihr in Kontakt zu kommen. Deshalb brauchen wir den Kontakt zu den Engeln, die Vermittler zwischen diesen beiden Welten sind. Mit ihrer Hilfe können wir in unserer Wahrnehmung immer feiner werden und uns Schritt für Schritt erhöhen, bis wir am Ende unserer Entwicklung unsere Göttlichkeit ins Leben integrieren und unser göttliches Wesen leben.

Dann können wir auch direkt mit der göttlich geistigen Welt kommunizieren, aber ohne die Engel hätten wir uns nicht so weit entwickeln können. Noch eine Anmerkung in eigener Sache: Ich habe 1998 im Ch. Falk Verlag ein Schutzengel-Buch mit schönen, tatsächlich erlebten Geschichten herausgegeben, von ca. 50 Menschen, die ihre wunderbaren Erlebnisse mit vielen anderen teilen wollten. Es sind noch einige Restexemplare vorhanden, die man günstig von mir bekommen kann. Bei Interesse bitte anrufen. Meine Telefonnummer ist am Schluss des Buches angegeben. Vor dem nächsten Kapitel möchte ich Euch, liebe Leser/Innen gern zwei Kurzgeschichten erzählen, die ich im Kleinwalsertal in den letzten Jahren selbst erlebt habe.

Schmetterling in Not

Ich fahre mit meinem alten, schweren Trekking-Fahrrad vom Kleinwalsertal nach Oberstdorf. Es gibt nur eine Straße ohne Fahrradspur, aber schön steil bergab, 400 Höhenmeter. Da ich mein Leben lang Spaß an Geschwindigkeit habe, lasse ich es immer ordentlich laufen, obwohl meistens viel Verkehr herrscht. So richtig in Schwung sehe ich aus dem Augenwinkel etwas Weißes auf der Straße liegen. Ich bremse stark, halte an und gehe zurück zu dem weißen Etwas. Sofort erkenne ich einen schwer lädierten, still auf der Straße liegenden Schmetterling. Er rührt sich überhaupt nicht, vielleicht ist er schon tot. Da viel Verkehr ist, muss ich einiges riskieren, um ihn zu bergen. Mit zwei Fingerspitzen setze ich ihn ganz vorsichtig in die Handfläche der linken Hand. Die Bergung von der Straße ist geschafft aber was soll ich jetzt tun? Ich schaue mich um und sehe in der Wiese direkt neben der Straße einige schöne große Blumen. Ganz sanft setze ich ihn mitten in eine wunderschöne gelbe Blüte. Er rührt sich immer noch überhaupt nicht und ich beschließe intuitiv etwas zu warten. Nach einigen Minuten, auf der Straße wäre er schon lange überfahren worden, beginnt er sich zu bewegen, flattert mit seinen Flügeln und fliegt tiefer in die Wiese, als wäre nichts geschehen. In diesem Moment lief mir ein starker Freude-Schauer über den Rücken und ich war für den Rest des Tages glücklich, der Schmetterling bestimmt auch. Dieses Bild ist tief in mir abgespeichert und ich kann diesen Film jederzeit vor meinem geistigen Auge ablaufen lassen und habe jedes Mal ein tiefes Glücksgefühl.

Eine Raupe auf dem falschen Weg

In einem der schönsten Teile des Kleinwalsertales führte mich eine Wanderung vom Sportplatz im Wäldele ins Schwarzwassertal mit mehreren prächtigen Wasserfällen. Auf dem Wanderweg neben dem Sportplatz sehe ich eine schöne, große, schwarze Raupe mit hellen Zacken auf dem Rücken in Richtung Fußballfeld laufen. Da gerade Herbstzeit ist, sucht sie wahrscheinlich einen Platz zum Überwintern und Verpuppen. Sie ist aber auf einem völlig falschen Weg Richtung glatt gemähter Wiese ohne Strauch oder Busch. Am Ende dieser Wiese ist eine steile Böschung kurz vor dem reißenden Bach. Sie hat, wo sie hinwollte, überhaupt keine Chance, ein Winterquartier zu finden. Also hebe ich sie vorsichtig auf und setze sie auf die Handfläche meiner linken Hand. Sofort rollt sie sich eng zusammen, sie fürchtet bestimmt, ich sei ein Fressfeind. Ich spüre förmlich ihre große Angst. Sie muss aber noch eine Weile aushalten, weil der Wald mit Büschen und Sträuchern ein ganzes Stück weit entfernt ist. Wieder meldet sich meine Intuition mit dem Vorschlag der ängstlichen Raupe göttliche Liebe zu schicken. Ich stelle mir genau das vor und blase ganz leicht meinen warmen Atem zu ihrem zusammengerollten Körper. Wenige Sekunden später beginnt sie sich aufzurollen und spaziert in meiner Handfläche, so lange bis wir gemeinsam einen schönen Busch finden in dem sie sicherlich gut durch den Winter kommt. Ich habe das gleiche Glücksgefühl und den Freude-Schauer wie bei dem Schmetterling.

Fazit: Wenn wir achtsam durchs Leben gehen, kann auch die Hilfe für kleine Tiere in Not große Glücksgefühle in uns auslösen, die lang in unserem Herz und unserer Seele gespeichert werden. Solche Rettungen gehen auch gut mit Schnecken, Regenwürmern, Käfern und Insekten. Ein kleiner Tipp dabei: Wenn das kleine Wesen in einer bestimmten Richtung unterwegs war, so bringt es bitte an einen sicheren Ort, von wo es sich in der gleichen Richtung weiterbewegen kann.

Ich möchte euch liebe Leser*innen vier kurze Kapitel präsentieren, die zum Großteil der Weisheitslehrer Peter Deunov durchgegeben hat und die von zeitlosen Informationen und Weisheit geprägt sind. Obwohl sie vor ca. 80 Jahren aufgeschrieben wurden sind sie sehr aktuell.

Die lebendige Natur

Die lebendige Natur ist eine Summe denkender Wesen, die die Atome der wunderbaren und großen Welt darstellen. Der gesamte Kosmos ist aus der Sicht derjenigen, die über ein kosmisches Bewusstsein verfügen, ein lebendiges Wesen, in dem sich alles vereinigt.

Aus der Sicht der großen Eingeweihten aller Zeiten und Epochen erscheint der ganze Kosmos, der ganze in der Antike sogenannte Makrokosmos in der Form eines Menschen – des großen himmlischen Menschen.

Ihr seht die Sterne als ferne, leuchtende Punkte am Himmel. Aber jeder Stern von der Milchstraße oder von jedem beliebigen System der Galaxie hat seinen Empfänger im menschlichen Gehirn. Der Mensch kann augenblicklich die Schwingungen, die von den verschiedenen Sternen kommen, empfangen. In diesem Sinn sage ich (Peter Deunov), dass sich der Mensch mit dem ganzen Kosmos unterhalten kann.

Wenn für die Menschen auf der Erde die Sterne nur helle Punkte sind, sind sie für einen Engel ganze Welten, die mit Millionen von Wesen bevölkert sind. Diese Wesen haben eine viel höhere Kultur als die menschliche.

Manche Menschen bezeichnen die Natur als den göttlichen Körper. Viele behaupten, dass die Natur und Gott ein und dasselbe sind. In der Natur gibt es nichts Zufälliges, nichts Beliebiges. In ihr ist alles nach den Gesetzen der göttlichen und unveränderlichen Mathematik aufgebaut.

Die lebendige Natur hat ihre eigene Sprache, sie ist bildhaft, symbolisch, lebendig – eine Sprache von großer und schöner Vielfalt.

Die Natur duldet überhaupt keine Gleichförmigkeit oder Wiederholung. Sie mag die Vielfalt in progressiver und aufsteigender Folge. Und deswegen erzeugen die Menschen etwas Böses, wenn sie alles im Leben auf eine mechanische Gleichförmigkeit zurückführen wollen. Wenn sie wie die Natur nach den Gesetzen der Vielfalt und der Harmonie arbeiten, tun sie etwas Gutes. Die lebendige Natur mag die Vielfalt und die Fülle, aber sie duldet keine Überschüsse. Die Natur mag keinen

Stillstand. In ihr gibt es ewige Bewegung, ewiges Schaffen, das von vernünftigen Gesetzen geleitet wird.

Es gibt zwei große Strömungen: die eine von dem Grenzenlosen kommend, die ständig kleiner wird und zum unendlichen Kleinen – der Zelle herabsteigt. Die andere, die ständig von dem unendlich Kleinen – von der Zelle her – zum Großen, Unendlichen hinaufsteigt. Und wenn diese zwei Strömungen des Weltalls sich im Menschen begegnen, werden die großen Fähigkeiten und Tugenden der menschlichen Seele geboren.

Die lebendige Natur umfasst alles in ihrer Aura. Diese Aura ist hell, rein, bewusst und sanft. Die lebendige Natur hat alles in den Menschen hineingelegt und unterstützt ihn jederzeit beim Aufziehen jener Keime, die in seiner Seele gepflanzt sind. Als eine fürsorgliche Mutter hält sie sein Bewusstsein ständig wach, indem sie ihn auf unterschiedliche Wege und Weisen auf alles aufmerksam macht, was um ihn herum geschieht.

Und die heutigen Menschen irren sich, wenn sie meinen, dass sie die Natur beherrschen können. Würde ihnen das wirklich gelingen, würde die ganze Erde zerstört sein und kein einziges Lebewesen mehr darauf leben können. Die lebendige Natur lässt sich aber nicht erobern. Das einzige, was sie erlaubt, ist dass man ihre Kräfte in die Arbeit einspannt. Aber nur der bewusste Mensch, der ihre Gesetze berücksichtigt kann – ohne bestraft zu werden – ihre Kräfte in die Arbeit einspannen.

Jeder der ihre Gesetze nicht berücksichtigt, wird vernichtet. Der Mensch darf nicht gegen die Natur kämpfen, denn er wird immer eine Niederlage erleiden. Und wisst ihr was seine Niederlage ist? Der Tod! Der Grund für den Tod des Menschen ist sein ständiger Kampf mit der lebendigen bewussten Natur, die er umsonst zu erobern versucht. Denn man darf es nicht vergessen, dass die Natur nicht so leicht verzeiht.

Die Natur vergibt dem Menschen nur, wenn er ihre Gesetze berücksichtigt und zwar nicht nur äußerlich mechanisch, sondern ganz bewusst. Alle, die bestrebt sind über die Natur zu herrschen, alle die gegen sie kämpfen und ihr widerstreben, sind genau betrachtet außerhalb von ihr. Die Natur ist für sie verschlossen, sie bleibt für sie eine geschlossene Welt.

Die Menschen, die heute auf der Erde herumkriechen, kann man gescheiterte Schüler der Natur und Gefangene nennen. In diesem Sinne des Wortes sind sie tatsächlich außerhalb von ihr. Für diese Menschen hat die Natur ihre Erziehungsanstalten.

Wisst ihr was für Schönheiten es auf dieser Welt gibt, was für Wesen darin leben? Für die bewussten Menschen ist die Natur eine herrlich geregelte Welt – eine Welt der Harmonie, Musik und Schönheit. Und wenn eines Tages die Ohren der Menschen geöffnet werden, werden sie überall auf der Welt diese großartige Musik in der Natur hören.

Wenn ihr ein bewusstes Leben führt, wenn eure Seele wach und liebevoll auf alle Lebewesen eingestimmt ist, dann nehmt ihr die göttliche Musik der Natur wahr, die sich als lebendige Freude in eurem ganzen Wesen ausbreiten wird. Durch diese Musik werden auch die Gedanken aller Geistwesen übermittelt werden. Das Leben aller Geistwesen in der lebendigen Natur wird euch mit einer viel höheren Geschwindigkeit als die des Lichtes übermittelt und ihr werdet euch als Bürger ihres großen Reiches fühlen.

Rolf's Kommentar zur lebendigen Natur

Ich lebe seit meinem Ausstieg vor 26 Jahren so naturverbunden wie möglich und ich fühle mich von Jahr zu Jahr wohler dabei. Jana, meine liebe Partnerin und ich haben seit einigen Jahren ein wunderbares Hobby entdeckt. Wir helfen Bäumchen in Not, welche sich in einer ausweglosen Situation befinden.

So haben wir z.B. vor ca. sieben Jahren bei einer Wanderung hier im Kleinwalsertal auf einem »Abfallhaufen« nach einer Waldrodung eine kleine, entwurzelte Fichte entdeckt, die noch völlig in Ordnung war, nur herausgerissen aus ihrem Heimatboden. Sofort war uns beiden klar, dass wir diesem Bäumchen eine neue Heimat suchen. Die Wurzeln des Bäumchens packten wir in feuchte Erde ein und nahmen es in einem Beutel mit uns. Zuhause holten wir Schaufel und Wasser zum Angießen und machten uns auf die Suche. In einem nahen Wald fanden wir ein freies Plätzchen, sodass unser kleiner Baumfreund genug Platz und Licht hatte. Allerdings war das Gelände etwas steil, bei uns hier gibt es kaum ebenes Erdreich. Seine gut entwickelten Wurzeln hatten in dem großen Loch, welches wir gruben, genug Platz, frische gute Walderde gab es auch noch dazu und wir markierten das Bäumchen mit einem in die Erde gesteckten Stock. Mit einem Wall aus Stöcken, welche wir oberhalb von ihm fest in die Erde steckten, schützten wir ihn gegen den Winterschnee, damit er nicht von den abwärtsdrückenden Schneemassen herausgerissen wird.

Wir besuchten ihn regelmäßig, er machte einen guten Eindruck, er wollte gern weiterleben! Auch den ersten Winter hat er gut überstanden, etwas schief, aber gesund. Heute – nach etwa sieben Jahren – ist er groß und stark genug, dass er den Schneedruck aushält, er ist schon etwa einen Meter groß.

Jedes Mal wenn wir ihn besuchen, sind wir glücklich und freuen uns mit ihm.

So oder ähnlich haben wir einigen 1000 kleinen Bäumchen geholfen weiterzuleben. Damit machen wir weiter, solange wir können. Das ist ein großer Glücksfaktor für uns!

Fazit:
Wirklich glücklich können wir nur werden, wenn wir naturverbunden Leben!

Das Licht

Das Licht – das ist ein schöpferischer Akt der großen Natur. Das Licht – das ist der erste Akt des Erwachens in der lebendigen Natur. Wenn ihr die heutigen Physiker nach ihrer Meinung über das Licht fragt, werden sie es als eine Reihe von Schwingungen definieren, die die sieben Farben – Rot bis Violett – enthalten. Das sind die oberen und unteren Grenzen, zwischen denen das Licht in der physischen Welt erscheint. Oder genauer, das sind die Grenzen, in denen der Mensch das Licht wahrnimmt.

Aber ist das Licht als solches eine Schwingung? Tatsächlich sind die Schwingungen eine Manifestation des Lichtes, aber das Licht selbst ist keine Schwingung. Die Frage nach dem Licht ist eine Frage für hochentwickelte Menschen, die eine andere Struktur als die heutigen Menschen haben. Es wird noch lange dauern, bis die Körper der Menschen so entwickelt werden, dass sie die lebendigen Erscheinungen in der Natur in ihrer wahren Form wahrnehmen können.

Und wenn ihr diese hoch entwickelten Menschen nach dem Ursprung des Lichtes fragt, welches der durchschnittlich entwickelte Mensch wahrnimmt, werden sie euch erwidern, dass vom Weltraum zur Erde andere Lichtschwingungen kommen, die sich dabei derart verändern, dass das gewöhnliche Licht entsteht. Für diejenigen, die sehen können, ist alles in der lebendigen Natur Licht. Alle Gegenstände auf der Erde, alle Mineralien, Pflanzen, Tiere sowie der Körper des Menschen sind nichts anderes als Licht, das in seinen mannigfaltigen Erscheinungen eine andere Form angenommen hat.

Für diejenigen, die sehen können, ist das Licht nicht tot, es besteht nicht nur aus Schwingungen, wie man es heute behauptet. Das Licht geht aus dem Leben hervor! Nachdem sich die Liebe offenbart hat, wird das Leben geboren. Wenn sich das Leben offenbart hat, offenbart sich auch das Licht. Also, das große Prinzip des Lebens ist es, welches das Licht erzeugt hat. Und das Licht hat seinerseits alle lebendigen Formen in der Natur gezeugt. Es ist der größte Werkmeister in der schöpferischen Arbeit der Natur.

Aus diesem Grund sagt man: »Gott ist Licht«. An sich ist Gott kein Licht, aber er erzeugt das Licht und offenbart sich darin. Sein Geist bringt das ganze Licht. Die Seele begreift Gott als unendliches Licht ohne Schatten. Sie begreift seine Einheit im offenbarten Licht.

Und dieses Licht hat viele Erscheinungsformen. Deshalb unterscheidet sich das Licht, das wir in der physischen Welt wahrnehmen, vom Licht, das die geistige Welt erleuchtet, sowie vom Licht, das die göttliche Welt erleuchtet. Damit der Mensch das geistige Licht wahrnehmen und begreifen kann, soll er ein geistiges Sehvermögen besitzen. **Dann offenbart sich vor ihm eine herrliche Welt, in der das Licht herrscht.**

Alle großen Mystiker, die dieses Licht in sich tragen, sehen eine unendliche Welt, die in den sanftesten, zartesten und schönsten Farben schwingt, welche die Seele als lebendigen Strahlen erfüllen. Aus diesem Grund ist das Licht für diejenigen, die sehen können, tausendmal realer als diese Welt. Das Licht, das wir in der physischen Welt wahrnehmen, ist nur eine Reflexion des wahren Lichtes.

Das lebendige Licht ist jener große Werkmeister, der die Formen der menschlichen Gedanken, der menschlichen Wünsche und Gefühle erschafft. Ohne es kann keiner denken und fühlen! Das Licht ist dasjenige, das die Dinge erklärt. Es ist die Ursache dafür, dass die Intuition unmittelbar begreift. Deshalb kann sich keine geistige Tätigkeit offenbaren und kein organischer Prozess ohne die Anwendung des Lichtes vollenden.

Der Grad der Entwicklung aller Lebewesen hängt von der Qualität und der Quantität des Lichtes ab, die sie besitzen. Dieses Maß betrifft auch die Menschen: Ein Mensch unterscheidet sich von einem anderen Menschen nach dem Grad seines Lichtes. Über den Charakter, über der Qualität und der Quantität des Lichtes, das er aufnimmt und äußert. Aus diesem Grund erkennt man den Menschen an dem Licht seines Lebens.

Wenn ein Mensch in die geistige Welt eintritt, erkennt man an seinem Licht, woher er kommt und was für ein Leben er lebt. Wenn er den Willen Gottes erfüllt hat, wird ihn, wenn er in die geistige Welt eintritt, ein solches Licht, eine solche Freude, eine solche Wonne erfüllen, als ob er die ganze Welt besäße. Wo er auch hinblickt, überall wird er kein anderes Objekt als das Licht, das unendliche Licht sehen. In diesem unaufhörlichen Licht gibt es keine Schatten. Es ist ein stets grenzenloses Scheinen. Die Offenbarung des geistigen Lebens kennzeichnet sich immer durch das Erscheinen des Lichtes. Und wir unterscheiden den Grad der Geistigkeit nach dem Grad des Lichtes.

Je strahlender und intensiver, je sanfter und zarter das Licht ist, das aus einem geistigen Wesen hervorscheint, je mächtiger es das Leben beleuchtet und ihm einen Sinn gibt, desto höher ist die Intelligenz seines Trägers. Alle strahlenden Körper, die wir im Weltraum sehen, sind lebendige geistige Wesen, die ihr Licht senden.

Das Sonnenlicht ist auch ein Werk vieler geistiger Wesen, die ihre Geistigkeit in Form von Licht senden. Der Mensch selbst ist auch Licht. Alle guten Menschen sind leuchtend. Alle guten Menschen haben Sterne. Das ganze gegenwärtige Leben des Menschen, alle seine zukünftigen Leben hängen vom Licht seines Sterns ab. Dieser Stern ist der Schatz seines Lebens. Als Christus auf die Erde kam, kam auch sein Stern mit ihm. Aber ihn sahen nur die drei Weisen aus dem Morgenland.

Wenn Christus wieder zur Erde zurückkehrt, wird sein Stern zehnmal leuchtender als vor über 2000 Jahren sein. Aber er wird nur für diejenigen sichtbar sein, die bereit sind, das göttliche Licht wahrzunehmen. Denn Christus wird als inneres Licht im Geist und in den Herzen der Menschen kommen. Dieses Licht wird die Menschen zusammenführen und sie innerlich vereinigen. Diese Menschen werden Menschen des Lichtes, Menschen mit Sternen sein.

Wenn dieses Licht eine Seele ergreift, zögert und zweifelt sie nicht mehr. Das ist einer der größten Augenblicke, die ein Mensch erleben kann! In ihm keimt und offenbart sich ständig ein edles, zartes Gefühl. Dieses Gefühl ist so zart und delikat aber dennoch intensiv. Dieser Augenblick bemächtigt sich seiner mit einer solchen inneren Kraft und Macht, dass der Mensch unbesiegbar wird. Also wenn du das Licht begreifen willst, geh dorthin, wohin das Licht strahlt. Das Licht macht vor nichts Halt; es durchdringt auch die abgelegendsten Orte, damit es sie beleuchtet und belebt.

Sei wie das Licht!

Das Licht geht überall hin, geht durch alles hindurch, aber bleibt nicht stehen. Kein einziges Teilchen des Lichts bleibt dort wohin es gegangen ist. Das Licht durchwandert ständig die Welt. Wie groß ist das Herz des Lichtes! Geh den Weg des Lichts! Und der Weg des Lichts ist ein Weg auf dem es keinen Staub gibt. Vergiss auch eines nicht: Wenn auf dem Wege, den du gehst, dein Stern ständig aufgeht, dann stehst du auf dem Wege des Lichtes. Wenn du den Sinn des Lebens verlierst, suche das, was leuchtet. Und das, was ewig leuchtet ohne zu erlöschen, ist die Weisheit. Befreunde dich mit dem, was leuchtet – mit der Weisheit! Sie gibt dir Wissen. Das Wissen bekleidet dich mit dem schönsten Gewand, mit dem Licht. Wenn du unerreichbar sein willst, sei wie das Licht! Wenn du stark sein willst, denke an das Licht! Das Licht ist stark und lebendig. Liebe die Freiheit und sei frei!

Rolfs Kommentar zum Licht

Wer den spirituellen Weg gehen und ein freies, glückliches Leben führen möchte, der sollte viel Licht aufnehmen und ausstrahlen. Einige besonders schöne Affirmationen hat uns Erzengel Raffael durchgegeben, z. B.:

- Ich bin Licht, ICH BIN ganz Licht!
- Das Licht meiner inneren Sonne strahlt in meine Organe und alle Zellen meines Körpers!
- Wenn ihr euch schnell beruhigen, entspannen und aufladen wollt, dann stellt euch vor, dass ihr in einen Ozean von Licht eintaucht. Da reichen schon 1-2 Minuten intensive Vorstellung. Viel Licht wünscht euch Rolf

Das heilige Feuer

Auf der Welt gibt es ein heiliges Feuer, das mit den Flammen der Unsterblichkeit brennt. In diesem heiligen Feuer sahen die alten Weisen die höchste Offenbarung Gottes. »Denn auch unser Gott ist ein verzehrendes Feuer«. (Hebr. 12,29) Und tatsächlich verzehrt dieses Feuer. Aber was?

Das Sterbliche, das Vergängliche, das Sündhafte. Wenn es auf der Welt wirkt, verbrennen einige der Menschen, andere schmelzen, und wieder andere werden lebendig und erstehen auf. Alle großen unsterblichen Seelen tragen dieses heilige Feuer in sich, wenn sie aus Gott hervorgehen. Wohin sie auch – in das unendlich weite Universum – gehen, arbeiten sie mit ihm.

Und all diese Seelen haben nur eine Vorstellung von ihm: Das heilige Feuer ist das Feuer der Liebe. Die Liebe trägt das heilige Feuer, in dem das Leben versteckt ist. Aus diesem Grund offenbart sich die Liebe dort. Wo das heilige Feuer brennt; dort offenbart sich das unsterbliche Leben, dort wächst und reifen die Früchte des Geistes. Denn es erhält das Leben. Es brennt auch im Menschen.

Und solange es brennt ist der Mensch gesund, munter und heiter. Alles in ihm sowohl die Ernährung als auch der Kreislauf und das Atmen verläuft harmonisch. Die Gefühle, die Gedanken und die Taten sind richtig. Das verursacht eine angenehme Wärme im Menschen. Wenn es brennt, fühlt sich der Mensch wohl. In ihm herrscht ein Zustand der Harmonie und des vollen Friedens.

Im heiligen Feuer gibt es absolut keinen Rauch. Es verursacht eine angenehme Wärme, die Leben spendet. Aus diesem Grund verschwindet im Mensch jede Unzufriedenheit, jeder Zweifel und jede Bedrücktheit, wenn das heilige Feuer im Menschen brennt. Im heiligen Feuer sind alle Gedanken, Gefühle und Wünsche absolut harmonisch. Dann fühlt der Mensch das, was paradiesische Wonne genannt wird. Ohne es sind Liebe, Glaube, Hoffnung, Barmherzigkeit und Sanftmut undenkbar.

All diese Tugenden wachsen und entwickeln sich im heiligen Feuer. Ohne es hört alles auf zu wachsen. Der Mensch hat es nicht nötig, das heilige Feuer zu entfachen. Er soll nur lernen, es zu unterhalten. Denn dieses Feuer selbst erlischt niemals. Und das, was am besten das heilige Feuer im Menschen unterhält, sind der Glaube, die Hoffnung, das Wissen, die Weisheit und die Wahrheit.

Die unsichtbare Welt wirkt jetzt durch das Feuer. Sie gebraucht das Feuer als das mächtigste Mittel zur Reinigung des Menschen und der Erde. Und die Erde tritt jetzt in eine neue Etappe ein, in der die Materie in unberührtem Zustand ist. Hier werden alle Dinge gereinigt und umgestaltet. Das Feuer, das auf der Erde schon zu wirken beginnt, wird die Materie entflammen, reinigen und transformieren, damit sie fähig wird, den intensiveren Schwingungen des neuen Lebens zu entsprechen.

Alles was dem mächtigen Strom des göttlichen Feuers standhält, bleibt am Leben. Natürlich kann man die Temperatur dieses Feuers mit keinem Gerät messen, sie ist viel größer als die Temperatur der Sonne. Nur dieses Feuer ist imstande, die Herzen und den Verstand der Menschen zu reinigen und die Erde auf die Blüte einer neuen Kultur vorzubereiten. Erst nachdem die Erde durch Feuer gegangen ist – das kann einige Jahrzehnte dauern – wird sie in eine neue Epoche eintreten.

Was für die Erde und die Menschheit als kollektive Einheit richtig ist, ist auch für den einzelnen Menschen richtig. In ihn kann das neue Leben nicht einziehen, solange in seiner Seele das heilige Feuer nicht entzündet ist. Aber wird in ihm das heilige Feuer entzündet, wird er alle magnetisch anziehen und die Menschen werden bereit sein, ihm zu helfen. Denkt an das heilige Feuer, in dem sich Gott offenbart! Denkt an das heilige Feuer, welches alle vollkommenen Seelen tragen und unterhaltet es. Unterhaltet es, denn damit werdet ihr auch euer Leben unterhalten!

Das Gute

Die Liebe gebärt das Gute in der Welt. Das Gute ist der Grund des Lebens. Das Gute ist der Boden des Lebens und seine Nahrung zugleich. Nur das Gute kann das Leben unterstützen, nur das Gute kann das Leben nähren. Wenn in der menschlichen Seele der große Wille aufkeimt, Gott zu dienen, dann erscheinen die Bedingungen für das Gute.

Der Mensch will das Gute in sich selbst schaffen. Das Gute aber wird nicht geschaffen, sondern geboren. Es ist von Anfang an in jedem Menschen angelegt und er soll sich dessen nur bewusst werden und es offenbaren. Der Mensch darf nicht gegen das Böse kämpfen. Er soll es nur vermeiden. Er darf nicht gegen das Böse kämpfen, sondern dem Bösen Gutes gegenüberstellen.

Ihr solltet wissen, dass sowohl ein kollektives Bewusstsein des Guten als auch des Bösen existiert. Sie bilden zwei große Pole des Daseins. Das menschliche Leben bewegt sich zwischen diesen beiden Polen. Wenn das Gute innen ist und vorherrscht und das Böse draußen bleibt, dann regiert der Himmel und herrscht das Gute. Der Himmel ist ein Ort, wo das Gute sowohl innen als auch außen ist. Wenn das Gute im Menschen ist, hat er vielleicht keine Reichtümer und keine Macht, bleibt aber dennoch ruhig und heiter.

Dieser Mensch hat etwas Mächtiges in sich, aufgrund dessen er von allen geliebt wird. Die guten Menschen sind die richtigen starken Menschen auf der Welt. Das Streben nach dem Guten kann niemals aufgehalten werden. Das Gute als Prozess ist ewig. Es ist ein schöpferischer Prozess des Lebens. Deshalb kann man das Gute einen Weg ins Leben nennen. Eben das Gute führt uns zum Leben. Das Gute und das Böse — das sind das Hohe und das Niedere auf der Welt.

Das Gute hebt die Werte des menschlichen Bewusstseins, das Böse senkt sie. Das Gute fängt mit den kleinen Dingen an, die jedoch ständig wachsen, sich vergrößern, vermehren, organisieren und sich zu einem Ganzen vereinen. Das Gute im Allgemeinen kann man mit einer Quelle vergleichen, die ständig sprudelt. So ist es auch mit dem guten Menschen; in ihm ist das Gute wie eine Quelle. Aus diesem Grund bleibt er unter allen Umständen gut. Es ist ein Irrtum zu glauben, dass ihn die Umstände verändern könnten. Vor allem durchdringt das Gute sein ganzes Wesen, es liegt seinem ganzen Aufbau zugrunde.

Der gute Mensch unterscheidet sich seinem Aufbau nach völlig vom schlechten Menschen. Das Nervensystem des Guten ist komplizierter und feiner aufgebaut. Sein Gehirn hat mehr Zellen, mehr Falten, es hat einen anderen Aufbau. Der Blutkreislauf bildet ebenso ein reicheres und dichteres Netz. Die Haut des guten Menschen hat mehr Zellen, sie ist feiner als die Haut des schlechten Menschen. Der gute Mensch im Allgemeinen hat einen vollkommeneren Aufbau. Er ist ein hoch entwickeltes Wesen.

Das wahre Gute, vom Gesichtspunkt der göttlichen Lehre aus betrachtet, bestimmt man durch drei Eigenschaften: Es bringt Leben, Licht und Freiheit. Damit unser Handeln wahrhaftig gut ist, soll es lebendig sein und uns folgen. Das Gute soll uns begleiten. Mein Gutes soll mir nachfolgen. Und damit es mir nachfolgen kann, soll es Leben, Licht und Freiheit sowohl mir als auch denjenigen bringen, denen ich etwas Gutes tue.

Da das göttliche Gesetz ein kollektives Gesetz ist, betrifft es alle auf einmal. **Wenn du einem Menschen etwas Gutes tust, betrifft das auch die ganze Welt!** Es gibt keinen größeren Akt als den, eine gute Tat zu vollbringen. Egal wie winzig sie auch sein mag, es ist ein edler Akt aufgrund dessen alle im Himmel auf die Beine kommen, da im Guten Gott steckt. Wenn ein Mensch eine gute Tat auf der Welt verrichtet, wird in der unsichtbaren Welt eine große Feier abgehalten!

Und wenn es Christus den Menschen empfiehlt, Schätze für sich im Himmel zu sammeln, versteht er darunter das Gute. Die Schätze – das ist das Gute, welches der Mensch auf der Erde getan hat. Gutes zu tun bedeutet Gott in dir aufzufordern, durch dich zu wirken. Und wenn Gott wirkt, tut er das nicht nur um eines einzigen, sondern um aller Willen. Aus diesem Grund nehmen alle vollkommenen Wesen daran teil, wenn eine gute Tat verrichtet wird.

Also jede Tat, an der sich der Himmel beteiligt, ist göttlich. Das Gute soll rechtzeitig getan werden. Es nimmt nicht viel Zeit in Anspruch, aber wenn du es tust, verlangt es, dass dein Herz, dein Wille, deine Seele und dein Geist während dieser Minuten, in denen du das Gute tust, vollkommen konzentriert sind.

Beim Guten darf es keinen Aufschub geben. Wenn du etwas Gutes vorhast, solltest du es augenblicklich, ohne Aufschub tun. Das Gute ist das erste Band im Leben. Das Gute ist das erste wahre Band zwischen den Seelen aller Menschen, egal ob sie auf der Erde oder im Himmel sind. Mit der Erkenntnis des Guten beginnt das Wissen. Eine gute Tat vergisst man nie. Sie ist in das göttliche Buch geschrieben, weil sie ein Akt der Liebe ist und als solche auf immer und ewig in der göttlichen Welt bewahrt wird.

Jeder, der Gutes tut, wird für die anderen zum Vorbild. Das Gute erhebt euch in den Augen der anderen. Aus diesem Grunde weicht vor keinen Schwierigkeiten zurück, wenn ihr etwas Gutes tun sollt. Seid mutig, entschlossen, tut das Gute und möge dieses Gute euren Nächsten Leben, Licht und Freiheit bringen. Ihr alle könnt Gutes tun, weil im Herzen aller das Gute wohnt! Jedes Gute, das ihr getan habt, ist eine Beziehung die nach und nach stärker wird.

Vergesst dabei nicht, dass der Mensch unbekannt im Guten bleiben soll. Das Gute ist eine notwendige Bedingung für die Vollkommenheit des Menschen, aber der Mensch wird nicht von einem auf den anderen Tag gut. Um vollkommen zu werden, soll man stark im Guten sein. Das Einzige, was den Menschen zum Menschen macht, ist das Gute, das ihm innewohnt.

Der Glaube an das Gute im Menschen vermehrt das Gute in der Welt!

Das Gute ist ein Weg zur Entdeckung der göttlichen Liebe!

Zwischenwort

Liebe Leser*innen, liebe Freunde, dieses Buch soll euch einen Überblick geben zu den wichtigsten spirituellen Bereichen, die uns helfen können, ein glückliches Leben zu führen.

Ich durfte so viele Informationen und Botschaften sammeln, dass daraus ein Werk von ca. 500 Seiten geworden wäre. Das wäre sicherlich zu viel und auch zu teuer geworden, sodass ich selektiere, welche Themen und Kapitel ich euch vorstelle. Ich wähle diese Bereiche intuitiv aus.

Wir alle haben eine Seelenheimat, die nicht auf unserer jetzigen Mutter Erde ist. Ich bekam nach meinem Ausstieg 1995 drei Hinweise über Medien, Bücher und Botschaften, dass ich von Sirius B komme. Mein Verstand kann es nicht einordnen, aber mein Herz und meine Seele sorgen oft für außergewöhnliche körperliche Wahrnehmungen, wie starkes Kribbeln oder intensive Schauer über den Rücken, wenn ich in Kontakt mit Sirius-Informationen komme. Dieses Thema ist für mich unendlich spannend.

Zeitgleich mit meinem Ausstieg erschien ein Buch über den Photonenring, welches ich verschlungen habe und das mir eine große Hilfe für den weiteren spirituellen Weg war.

Ich möchte euch in diesem Kapitel einige Botschaften vorstellen, die möglicherweise euer Herz berühren und damit auch eure Seele. Die Bücher findet ihr im Literaturverzeichnis am Ende dieses Buches.

Beginnen wir mit den Botschaften vom hohen Rat des Sirius:

Wir lernen, alles als Energie oder doch zumindest als physische Manifestation von Energie wahrzunehmen, und dadurch wachsen unsere Fähigkeit und unsere Entschlossenheit, unsere Welt und ein liebevolleres, friedliebenderes menschliches Kollektiv mit in die nächste Dimension zu nehmen.

Die Beobachtungen und Lehren des Rats sind für uns wie Handbücher zu den Themen alternative Heilmethoden und soziale Verantwortung – spezifische Richtlinien, die uns als Individuen zeigen, wie wir uns über

Hindernisse hinwegsetzen können und unseren rechtmäßigen Platz als Wächter unserer im Übergang befindlichen Welt einnehmen können – als Hüter der Seele Gaias (Mutter Erde).

Die Zeit des Leugnens ist vorbei, denn ihr eilt auf ein goldenes Zeitalter zu und euer Stern und die Planeten zeigen euch den Weg in die nächste Dimension, in der ihr euch dann mit eurer gesamten karmischen Verpflichtung auseinandersetzen müsst – nämlich zu heilen oder vielleicht sogar belohnt zu werden – ehe ihr ins Licht hellerer Sonnen fortschreiten könnt.

Ehe ihr weiterlest, möchten wir euch einladen, euch uns anzuschließen. Mit den besten Absichten fordern wir euch auf, in diesen Botschaften unseren Wunsch zu erkennen, euch die Kraft der Wahrheit zu schenken – zumindest unserer Wahrheit – und die Liebe zu empfangen, die diese Wahrheit zu euch trägt, durch den Äther, direkt aus dem Herzen der sechsten Dimension mitten in das Herz, das in eurer Brust schlägt ... und an alle Orte, die dazwischen liegen. Lasst uns alle umgeben sein vom weißgoldenen Licht, an einem Ort der Verbundenheit, an dem allem und jedem nur das Beste zuteil wird. Wir raten euch, alles loszulassen, das nicht diesem Standard entspricht.

Das bedeutet, wenn ihr eine positive Veränderung herbeiführen wollt, müsst ihr euch entschlossen gegen die Strömung all dessen stemmen, was man euch zu glauben befiehlt und dem treu bleiben, was ihr für richtig haltet – nicht nur für euch selbst, sondern zum Wohl aller.

Viele Mitglieder eurer Stämme und Gemeinschaften mögen längst die Beine in die Hand genommen haben, aber es gibt auch andere, gleichgesinnte Seelen, die euer Licht immer mehr anziehen wird, je stärker es leuchtet. Wir erkennen das Licht eures wachsenden Gewahrseins und spüren die gewaltige Liebe, die aus euren Herzen und Seelen strömt. Lasst los, was losgelassen werden muss, und lasst ein, was eurer Bereitschaft zur Veränderung dient.

Aller Wahrscheinlichkeit nach habt ihr einen Erkenntnispunkt erreicht, an dem ihr begreift, dass euer Sonnensystem seinen Aufstiegsprozess bereits aktiv begonnen hat. Es löst sich aus den Fesseln des physischen Universums und erhebt sich auf eine weiterentwickelte Energieebene.

In einem nichträumlichen Sinn bewegt ihr euch auf die aufsteigenden

Sterne des Sirius zu, näher zu uns, auf eine Weise, die ihr vielleicht noch nicht versteht.

Alle großen Zivilisationen – und wir sprechen hier nicht nur von jenen, die auf der Erde gelebt haben, sondern auch von denen auf anderen Planeten – haben ohne Ausnahme drei wesentliche Ziele gemeinsam. Diese lauten: mehr über die unsterbliche Seele zu erfahren, den Gottescode zu verstehen, welcher das Leben in der gesamten Schöpfung durchwebt und bewussten Respekt für und Interaktionen mit der gesamten Natur zu erlangen, die die jeweilige Lebensumgebung bildet – also Tiere, Insekten, Pflanzen, Mineralien, Wasser und die Luft.

Es braucht wohl kaum extra erwähnt zu werden, dass alle Zivilisationen rasch zerfallen, sobald sie aufhören, die Natur zu verehren und ihre Liebe zu allem Lebenden verlieren. Das Ego befindet sich dann in einem vom Göttlichen getrennten Zustand, in dem es unausweichlich zu Gier, Gewalt, Verbrechen gegen den »Anderen«, Krieg und schließlich dem vollständigen Zerfall der Gesellschaft kommt. Dazu addiert werden muss noch das Vordringen der Technologie, das auf der Verarbeitung und Manipulierung unbeschreiblicher Datenmengen beruht statt auf Liebe zur Schöpfung. Kein Wunder, dass ganze Spezies ausgelöscht werden, die einst in ihrer eigenen planetaren Harmonie gedeihen konnten.

Besinnt euch darauf, was für ein Segen es ist, dass ihr überhaupt am Leben seid und etwas miterleben dürft das niemanden, der je zuvor auf der Erde lebte, zuteil wurde.

Ihr bringt strahlendes Licht in die Dunkelheit, Liebe in ein Meer der Furcht und mehr noch: ihr helft anderen, über ihre eigene Unsterblichkeit nachzudenken.

So, das waren einige unterstützende Informationen vom hohen Rat des Sirius.

Jetzt folgen die Lichtbotschaften von den Plejaden:

Wir handeln durch unser reinstes Bewusstsein. Unsere Haltung euch gegenüber ist bedingungslos rein. Unsere Absicht, euch zu helfen, kommt von der göttlichen höchsten Intelligenz in unsere Herzen. Und nach diesen reinsten und höchsten Gesetzen handeln und fühlen wir.

Versteht bitte, dass jeder Bewohner eures Planeten das göttliche Licht in sich trägt und jeder Bewohner fähig ist, dieses Licht in sich zu finden. Es genügt, sich an seine Göttlichkeit zu erinnern. Jeder Bewohner dieses Planeten, jede Seele, wurde im göttlichen Licht geboren und jede Seele nähert sich mit der jetzigen Schwingung des Planeten Erde unaufhaltsam ihrer Bestimmung.

Jeder Bewohner dieses Planeten ahnt unbewusst, dass Liebe sein höchstes göttliches Gefühl ist und jeder Bewohner dieses wunderschönen Planeten sehnt sich nach Liebe. <u>JEDER</u>.

Die menschliche Zivilisation und ihre Zukunft steuern auf das Goldene Zeitalter und all seine offen Möglichkeiten zu. Das Bewusstsein der menschlichen Zivilisation wächst. Die Menschheit nähert sich unaufhaltsam und in Meilensprüngen dem Goldenen Zeitalter an.

Der Geist so manches menschlichen Individuums ahnt noch nicht, welch riesige positive Veränderungen auf ihn warten. Die Geister vieler menschlicher Individuen ahnen es nicht, aber die Seele eines jeden Bewohners eures Planeten spürt diese Veränderung deutlich und erwartet sie ungeduldig.

Die heutige menschliche Situation befindet sich in einer Zeit, in der es notwendig ist, einen »Neustart« zu machen und von vorne zu beginnen – mit <u>Gedankenhygiene</u> zu beginnen und nur positive und bereichernde Gedanken zuzulassen. Wir nennen diese neue Zeit »Neustart« und wir haben die große Ehre, euch durch diese Zeit zu begleiten.

Die jetzige Zeit des Neustarts erfordert positives Denken, positives Handeln und eine gewisse positive Disziplin seines Handelns.

Die Zeit des Neustarts hat gerade begonnen und es ist notwendig, mit jeder eigenen Tat, wirklich <u>jeder eigenen Tat</u> dem morphogenetischen Feld der menschlichen Zivilisation und ihrer <u>Existenz</u> wichtige und positive Informationen und Handlungen hinzuzufügen.

Helle Individuen durchleuchten mit ihrem Licht ihre Realität und zugleich auch die Realität anderer in ihrem Leben. Mit ihrem lichtvollen Schwingungen und Photonen verbinden sie sich mit weiteren lichtvoll schwingenden Individuen oder lichtvollen Wesen. Dadurch erhöhen sich ihr Licht und ihre lichtvolle Schwingung immerzu. Sie vervielfachen sich und wachsen. Licht ist nämlich in seiner Existenz und seinem Wesen nach ganz und gar <u>unendlich</u>.

Ein erwachtes menschliches Individuum ist eine <u>strahlende Sonne</u>, die ihre Lichtstrahlen ausdehnt und mit diesem Strahlen die Realitäten ihres Seins durchleuchtet und erwärmt.

Es ist wunderschön, euch lichtvolle strahlende Individuen zu beobachten – zu sehen, wie viele Sonnen sich auf eurem Planeten bereits befinden und sich mit weiteren Strahlen menschlicher Individuen und mit deren reinen Herzen verbinden. <u>Je reiner eure Herzen sind, umso strahlender sind eure Lichtstrahlen und eure Realität.</u>

Sicher könnt ihr bestätigen, die ihr dem Strahlen der Sonne ähnelt, dass sich euer Leben mit Hilfe eurer lichtvollen Schwingungen zum Besseren verändert hat.

Euer <u>Licht</u> erzeugt eure <u>neue Realität</u>. Eine lichtvolle und strahlende Realität.

So, das waren einige wunderschöne Botschaften von den Plejaden.

<u>Ich möchte noch zwei Botschaften in Auszügen der Arkturianischen Gruppe, die von Marilyn Raffaele durchgegeben wurden, präsentieren.</u>

Liebe Leser, wieder einmal bringen wir euch eine Botschaft in diesen Zeiten der Verwirrung und des Chaos. Wisst, dass ihr nun Zeugen davon seid, wie sich ein Göttlicher Plan entfaltet und denkt daran, dass dies der Grund ist, warum ihr gewählt habt, zu dieser Zeit auf der Erde zu sein.

Immer mehr Menschen beginnen sich zu fragen: »Ist dies die Art und Weise, wie ich zu leben wähle? Ist dies, wie ich mir die Welt wünsche? Gibt es einen besseren, höheren Weg, Dinge zu tun, einen der allen dient und nicht nur einigen wenigen?«.

Alles verläuft nach Plan, nach dem unaufhaltsamen Plan der spirituellen Evolution. Viele unbequeme Enthüllungen werden in diesem kommenden Jahr stattfinden, daher seid spirituell vorbereitet. Beobachtet und seid informiert.

Stellt euch vor, ihr sitzt in einem Kino und seht zu, wie sich auf der Leinwand eine fesselnde Geschichte entfaltet. Ihr schaut zu, ohne zu urteilen. Was ihr jetzt bezeugt, ist die sich entfaltende Geschichte der Erd-Historie, damit die neue Geschichte beginnen kann.

Emotionen sind wertvolle Werkzeuge, die euch helfen können, eure Überzeugungen zu verstehen und wenn ihr lernt, euch selbst zu lieben und zu akzeptieren, mit allem, werdet ihr zu Menschen des Mitgefühls, der Einsicht und der Vergebung, die in der Lage sind, anderen dabei zu helfen, dasselbe zu tun.

Das ist der Grund, warum ihr hier seid. Jede neue Erkenntnis fügt dem Bewusstsein der Welt Licht hinzu. Ohne die höheren Licht-Frequenzen, die so viele entwickelte Seelen mitgebracht haben und die andere weiterhin auf die Erde bringen, würde die Evolution der Menschheit viel länger dauern. Da die Realität eines jeden Menschen Göttliches Bewusstsein ist, welches sich immer zum Ausdruck bringt, kann niemand auf ewig in der Zeit eingefroren bleiben.

In dem Augenblick, in dem sich auch nur ein Mensch aus der Ausrichtung mit einer alten Unwahrheit heraus – und in die Wahrheit hinein bewegt, wird dies das gesamte Kollektiv beeinflussen und verändern, denn es gibt nur EINS. Dies ist die Arbeit, die spirituelle Meister zu allen Zeiten getan haben.

Bedingungslose Liebe bedeutet in diesen schwierigen Zeiten, euch daran zu erinnern, dass die Essenz jedes Menschen Göttliches Bewusstsein ist. Sie bedeutet, dass ihr die spirituelle Realität anerkennt, die allen Erscheinungen zugrunde liegt.

Liebe ist die bewusste Erkenntnis des EINSseins – EIN unendlicher Gott, der sich in, als und durch unendliche Form und Vielfalt ausdrückt. Nun, da immer mehr Licht zur Erde fließt, werden viele allgemein akzeptierte auf Dualität und Trennung basierende Glaubenssätze zum ersten Mal mit neuen Augen gesehen. Indem mehr und mehr Menschen in ein Gefühl der Einigkeit erwachen, beginnen sie viele schon lange bestehende, starre, unredliche, urteilende und oft grausame »Richtigkeits-« Regeln abzulehnen und zu verwerfen.

Fürchtet diese gegenwärtigen Zeiten nicht, ihr Lieben, sondern freut euch vielmehr über die Erkenntnis, dass das, wofür ihr gelebt und was ihr erhofft und ersehnt habt, endlich geschieht. Hoch schwingende Frequenzen lösen immer die niedriger schwingenden auf.

Die Dunkelheit ist nicht die Realität, sondern einfach die Abwesenheit von Licht. Der Frühling wird kommen, aber zuerst müssen schwere

Winterstürme durchlebt werden. Ihr seid kein Körper, der Bewusstsein hat, sondern ihr seid Bewusstsein mit einem Körper. Der Bewusstseinszustand jedes Menschen drückt sich durch seine Handlungen und Erfahrungen aus.

Evolution ist einfach die Reise, die damit verbunden ist, das persönliche und kollektive Bewusstsein zu erwecken, um die Menschen an die Realität ihres wahren Seins zu erinnern. Das Erlangen des Bewusstseins, EINS zu sein, erlaubt es den Qualitäten, die im Göttlichen Bewusstsein verkörpert sind, euch zu durchströmen und sich durch euch auf eine praktische Weise auszudrücken, die euren persönlichen Bedürfnissen entspricht.

Haltet euer Licht, steht in der Wahrheit und beobachtet einfach den Film. Alles verläuft nach Plan. Zweifelt nicht. Sobald ihr die Absicht habt, spirituell zu wachsen, verlässt der Zug den Bahnhof.

Rolf's Kommentar

Mit diesen Botschaften unserer außerirdischen Freunde, die uns in ihrer Entwicklung tausende von Jahren voraus sind, bekommt ihr einen guten Einblick in das, was uns hoffentlich bevorsteht.

Lest diese Zeilen bitte nicht mit dem Verstand, sondern mit dem Herzen. Und wenn es euch anspricht, könnt ihr euch tiefer damit beschäftigen.

Bevor wir mit dem nächsten Kapitel anfangen, kommt zur Auflockerung eine schöne Kurzgeschichte, die wir, Jana und ich, vor wenigen Jahren erlebt haben.

Ein Gruß von Sylvia

Ich glaube, es war das Jahr 2013, als bei meiner Energieplatz-Führung am Hotel Waldesruhe in Oberstdorf eine nette ältere Dame teilnahm. Nach der Führung unterhielten wir uns privat noch etwas, dabei erzählte mir Sylvia, dass sie keine Verwandten mehr hat und mit fast 90 Jahren allein in Oberstdorf Urlaub macht. Ihr Geburtsjahr war das gleiche wie bei meiner verstorbenen Mutter. Sie war mir sympathisch, hatte viel erlebt und ich konnte vom Alter gut ihr Sohn sein.

So trafen wir uns noch ein paar Mal während ihres Urlaubs und blieben Brieffreunde. In den nächsten Jahren besuchten wir uns wechselseitig, meine liebe Partnerin Jana war auch oft dabei und es entstand eine gute Freundschaft. Im Alter von 93 Jahren ging sie mit mir zu Fuß ins Wildental zum dortigen Energieplatz, sie war die älteste Dame, die das zu Fuß geschafft hatte.

Einmal schickte sie uns per Post ein gezacktes Blatt von einem Kaktus ohne Stacheln. Wir pflanzten es so ein, wie sie uns beschrieben hatte und daraus ist eine kleine Pflanze geworden, die jahrelang nicht wuchs, aber auch nicht kaputt ging.

In 2017 rief ich bei ihr an, sie ging nicht ans Telefon, auch nach mehreren Versuchen. Dann probierte ich es bei der Verwaltung des Seniorenstiftes in Bad Brückenau. Dort erfuhr ich, dass sich ihr Gesundheitszustand plötzlich verschlechtert hat und sie nicht ansprechbar war, ich konnte also nicht mehr selbst mit ihr telefonieren. Kurz danach wollte ich nochmals herausfinden, wie es ihr geht und sie eventuell zum Abschied persönlich besuchen. Am nächsten Morgen war sie schon nicht mehr auf dieser Welt. Wir hatten nichts von ihr außer diesem kümmerlichen Kaktus.

Wenige Monate später bin ich im Kleinwalsertal in eine kleine andere Wohnung gezogen und habe das pflanzliche Sorgenkind mitgenommen. Auf einmal, nach einigen Jahren Stillstand, fing der Kaktus an zu wachsen und zu wachsen und sogar zu blühen, mit wunderschönen rosa-weißen Blüten in unendlicher Fülle. Mittlerweile wurde er zweimal umgetopft, er brauchte viel mehr Platz – er ist mindestens zwanzig Mal so groß geworden – und blüht dreimal jährlich, das ist bestimmt Sylvia's Gruß von oben!

Meine lieben Leser*innen, liebe Freunde, beim jetzt kommenden Kapitel habe ich lange überlegt, ob es in dieses Buch kommen soll. Es behandelt ein hochgeistiges Thema und ist auch nicht leicht zu verstehen.

Ich (Rolf) kam in den 26 Jahren nach meinem Ausstieg schon einige Male in Kontakt zu diesem elitären Geist-Zirkel, jedoch noch nie war er so gut erklärt und beschrieben wie von Peter Deunov, dem Weisheitslehrer, der viel zu diesem Buch beiträgt.

Wenn ich mit meinen Entscheidungen schwanke, höre ich auf meine Intuition, so auch diesmal, also freut euch auf und über das nächste Kapitel.

Die große Universelle Bruderschaft

Es gibt auf der Erde eine Loge von Wissenschaftlern, die sich nur einmal im Jahr treffen, um verschiedene wissenschaftliche Fragen zu erörtern. Diese Eingeweihten wissen mehr über die Erde, über ihre Vergangenheit und Gegenwart als alle zeitgenössischen Wissenschaftler, welche die offizielle Wissenschaft vertreten.

Neben dieser Loge von Eingeweihten auf der Erde gibt es auf der Sonne eine andere Loge von großen Eingeweihten, die nicht nur ein gutes Wissen über die Vergangenheit unseres Planeten, sondern auch über seine Zukunft haben.

Aber sowohl die eine als auch die andere Loge sind nur Organe jenes großen Weltorganismus von vollkommenen, weit fortgeschrittenen Wesen, welche die große Universelle Bruderschaft bilden. Diese vollkommenen Wesen sind unvergleichbar fortgeschrittener als die genialsten Menschen auf der Erde, weil sie früher als die Menschen aus der Urquelle hervorgegangen sind. Sie alle haben einen bestimmten Entwicklungsweg unter der Führung des göttlichen Geistes durchlaufen und haben diese Entwicklungsstufe erreicht, auf der sie sich jetzt befinden.

Und wenn wir von der großen Universellen Bruderschaft sprechen, verstehen wir jene Hierarchie von Geistwesen, die ihre Entwicklung Millionen und Milliarden von Jahren vor den Menschen abgeschlossen haben und jetzt den ganzen Kosmos anleiten. Sie lenken ihn, weil sie selbst an seiner Erschaffung unter der Leitung des großen Geistes Gottes teilgenommen haben. Nach unserer Meinung gibt es drei Arten von Sonnensystem: Die erste Art sind die Organe ganzer Galaxien und bildet die materielle physische Welt. Sie ist aus der dichtesten Materie gewebt, obwohl auch diese unterschiedliche Grade aufweist. Die zweite Art ist aus feinerer Materie gemacht, aus der Materie der geistigen Welt und gehört zur Engelwelt. Die dritte Art Sonnensysteme bildet in ihrer Gesamtheit die göttliche Welt und ist aus der feinsten und erhabensten Materie gemacht.

Und der Himmel, von dem man in den heiligen Schriften spricht, ist nicht jene blaue Himmelskuppel über uns, hinter welcher der Raum des Universums verschwindet und an der die Sterne nachts leuchten. Der Himmel ist von hohen Wesen, von hohen Seelen organisiert und deshalb so groß in seinen Taten. Die Engel, die den Himmel bewohnen, sind große Seelen, die ständig ihr Licht auf die ganze Welt spenden. Die Energie ihres mächtigen Gedankens wird durch den ganzen Kosmos verteilt und setzt als eine kollektive Kraft alles auf der Welt in Bewegung.

Denkt nicht, dass die Engel irgendwelche immateriellen Wesen, irgendwelche gespenstischen Geister sind. Sie sind Wesen, deren Körper hoch organisiert und aus reinem strahlendem Stoff gebildet sind. Ein Engel kann seinen Körper derart beherrschen, dass er sichtbar und unsichtbar werden kann. Er kann frei und mit einer viel größeren Geschwindigkeit als die des Lichtes im unendlichen Raum reisen. Er kann ganze Sonnensysteme, ganze Galaxien durchwandern.

Die Engel befinden sich auch auf verschiedenen Entwicklungsstufen, aber sie lassen sich im Prinzip auf zwei große Reiche untergliedern. Die dem höheren Reich angehörenden Engel steigen selten zur Erde herab, während die Engel des niederen Reiches häufiger herabsteigen, um den Menschen bei ihrer geistigen Erhebung zu helfen. Diese großen Brüder der Menschheit stammen von der Menschenrasse ab, sind aber ihren eigenen Entwicklungsweg Milliarden von Jahren vor dem irdischen Menschen – unter viel günstigeren Bedingungen, die sie geistig genutzt haben – gegangen.

Und wenn das Leben der Menschheit einem bestimmten Plan folgt, wenn auf der Erde Kulturen mit ihren Wissenschaftlern, Religionen und Künsten aufblühen, wenn die Menschen ein ewiges Streben nach Entwicklung und Vollkommenheit haben, ist das diesen Geistwesen zu verdanken, die eng mit den Menschen verbunden sind und sich ständig um sie kümmern. Aus ihren Herzen sprudeln Liebe, Freude und Leben. Und dank ihres Impulses leben und streben die Menschen. Ihr Wunsch ist es, dass die Menschheit jenes Licht erwirbt, das sie besitzen und jene Freiheit, derer sie sich erfreuen. Sie wollen den Menschen das Leben gemäß jenen großen Gesetzen beibringen, nach denen sie selbst leben.

Und sie wenden die geistigsten Gesetze auf der Welt an. Sie führen das reinste und erhabenste Leben, ein Leben völliger Selbstlosigkeit.

In ihrem großen Edelmut steigen die liebenden Diener Gottes selbst in menschlicher Gestalt zur Erde herab, um den Menschen zu helfen. Sie schicken ständig ihre Boten in der einen oder anderen Form auf die Erde. Alle Genies der Menschheit, alle großen Menschen, Eingeweihten, alle Wissenschaftler, Schriftsteller, Staatsmänner, die der Entwicklung der Menschheit in dem einen oder anderen Bereich helfen, sind Diener der großen Universellen Bruderschaft.

Sie wählt unter der Menschheit die am weitest entwickelten Seelen aus und bereitet sie auf eine geistige Arbeit unter ihren Brüdern vor. In der heutigen Menschheit gibt es Menschen, die feinstofflich geistige Kräfte und einen feineren Aufbau besitzen. Sie zeichnen sich durch ihre hoch organisierten plastischen Körper aus, denn sie führen ein absolut reines und heiliges Leben. Ihre außergewöhnliche Entwicklung befähigt sie dazu, geistige Helfer der Menschheit zu sein.

Die Fortgeschrittensten unter ihnen haben ihre Entwicklung auf der Erde abgeschlossen und verfügen über ein umfangreiches Wissen. Sie wissen vieles von jener positiven absoluten göttlichen Wissenschaft, die seit der Entstehung der Welt existiert. Viele von ihnen leben Tausende Jahre lang auf der Erde. Sie haben den Prozess der Auferstehung durchlaufen und für sie gibt es weder Tod noch Wiedergeburt. Diese Menschen, Söhne Gottes genannt, in deren Geistern und Seelen Gott lebt, die mit der gesamten geistigen Welt, mit allen fortgeschrittenen Wesen in allen Sonnensystemen verbunden sind, sind nämlich jene großen Seelen, Meister der Menschheit, die in jeder Hinsicht die höchste Manifestation in Wort und Tat erreicht haben. Sie sind jene mächtigen Geister, die offen oder heimlich die Menschheit vorantreiben.

Hinter jeder geistigen Tätigkeit, hinter jeder geistigen Äußerung stehen diese Brüder. Hinter jedem großen Menschen, hinter jedem großen Dichter, Musiker oder Künstler stehen wiederum sie. Denn, damit sich ein genialer Mensch auf der Erde offenbaren kann, müssen sich Tausende von genialen Seelen vereinen und sich durch ihn offenbaren.

Wer ist Christus? Christus ist ein kollektiver Geist. Er ist die Summe aller Söhne Gottes, aus deren Seelen und Herzen Liebe und Leben hervorsprudeln. Alle Söhne Gottes, in einem vereint, alle geistigen Seelen, die in göttlicher Einheit leben, sind Christus. In diesem Sinne ist er das

Haupt der großen Universellen Bruderschaft. Und der Stern, der bei der Geburt Christi erschienen ist – von dem im Evangelium die Rede ist – war etwas Lebendiges; er stellte eine Summe lebendiger Wesen dar, die von oben herabgestiegen sind, um die Ankunft Christi zu verkünden. Aber nur die drei Weisen aus dem Morgenland – große Eingeweihte – sahen und erkannten diesen Stern. Und diese drei Weisen waren auch Diener der großen Universellen Bruderschaft.

Also behaltet in eurem Gedächtnis: Die einzige große Gemeinschaft, die jetzt auf der Welt existiert, ist die große Universelle Bruderschaft. Jene Mitglieder der großen Universellen Bruderschaft, welche die Entwicklung der Menschheit leiten und sie in die leuchtende Zukunft führen, bilden keine für die Menschen sichtbare Gesellschaft oder Organisation.

Sie stellen eine lebendige Kollektivität, eine geistige Gemeinschaft dar, die außerhalb der verdorbenen Bedingungen existiert, unter denen die Menschen leben. Und genau deshalb ist es lächerlich zu sagen, dass der Sitz dieser Bruderschaft hier oder da, unter diesem oder jenem Volk sei.

Und eines Tages begreifen die Menschen, dass es auf der Welt nur einen großen Rechtsstaat gibt, deren Bürger – die Söhne Gottes – die geistigen Wesen sind, die nach dem Willen Gottes leben und seinen Willen ausführen. Es wird kein Volk auf der Erde bleiben, das die Kraft und die Macht dieses Rechtsstaates nicht erfahren wird.

Die Schöpfer der Vergangenheit, diese große Vorfahren kommen auch heute wieder zu unserer Erde herab. Und sie werden sie in ein Paradies umwandeln! Mit ihnen werden auch jene 144000 Seelen kommen, von denen in der Offenbarung die Rede ist und unter denen Vertreter aller Völker der Vergangenheit und der Gegenwart sind. Alle Heiligen, Eingeweihten und Meister seit Menschengedenken werden kommen. Sie werden alle erwachten Seelen aus den vier Himmelsrichtungen der Erde mit ihrem mächtigen Geist in die Arbeit einspannen und alle zusammen die wahre Ordnung auf die Welt bringen.

Nach Abschluss ihrer Arbeit werden sie sich zurückziehen und die Menschen unter den neuen Bedingungen leben und arbeiten lassen. So wird sich der Kontakt zwischen der sichtbaren und der unsichtbaren

Welt wiederherstellen lassen. So arbeitet und wird die große Universelle Bruderschaft in der Welt arbeiten. Und sie wird arbeiten, bis die einheitliche Liebe, die einheitliche Weisheit und die einheitliche Wahrheit das ganze Dasein umfassen.

Dann wird jeder Atemzug in heiligem Frieden und in Harmonie Gott loben!

Jetzt, meine lieben Leser*innen, kommt ein ganz besonderes Kapitel, eines das sich auch durch einen langen Namen auszeichnet. Die folgenden Seiten sind eine angenehme »Gute Nacht«- Lektüre, sie erheben uns und regen unsere Seele an, nachts auf Reisen in ihre Heimat zu gehen.

Ein langes Kapitel zum Sinn des Lebens,

zum Wohlfühlen, zum Glücklichsein, zur Liebe, zum persönlichen Wachstum mit vielen Weisheiten, Botschaften und Affirmationen, von menschlichen Meistern, von mir (Rolf) und der göttlich geistigen Welt.

Die Menschen, die auf die Erde kommen, sind wunderbare kleine hilflose Wesen, die Liebe brauchen und suchen. Sie bekommen diese Liebe zuerst von ihrer Mutter und ihrem leiblichen Vater. Danach von Verwandten, Freunden, Lehrern, Kollegen und Partnern. Die Liebe, mit der sie erwachsen werden, kommt immer von außen.

Und das ist unser Dilemma! Wir sind so geprägt davon, dass die Liebe von außen kommt und suchen diese dann auch für die nächste Jahre oder Jahrzehnte im Außen. Damit werden wir nicht glücklich. Wenn wir großes Glück haben, erkennen wir, dass da auch noch eine andere Liebe ist, die göttliche Liebe, von der Christus spricht und die in unendlicher Menge im Universum existiert.

Das Schöne an dieser göttlichen Liebe ist, dass jeder Mensch ein persönliches Liebesskonto erhält und je mehr Liebe er ausstrahlt und den anderen Wesen schenkt, desto mehr Liebe fließt auf sein persönliches Liebeskonto. Ein wunderbares Geschenk! Unendliche Fülle! Und wenn wir in Kontakt zur göttlichen Liebe kommen, spüren wir den Unterschied zur menschlichen.

Ich (Rolf) habe über 50 Jahre meines Lebens gebraucht, um mich für die göttliche Liebe zu öffnen und ich möchte euch mit diesem Buch helfen, früher als ich die göttliche Liebe zu erfahren. Diese göttliche Liebe finden wir nicht da, wo wir sie üblicherweise suchen, bei Partnern, durch Erfolge, im Beruf oder durch materielle Dinge.

Diese göttliche Liebe ist uns aber genau so nahe, wie die Liebe, die wir suchen. Finden können wir die göttliche Liebe überall, das gesamte Universum ist voll davon, die göttlich geistigen Wesen strahlen sie im Überfluss in unsere Herzen und Seelen, wir finden sie bei Mutter Erde, Mutter Sonne, in der Natur, im Wasser, in der Luft, bei den Tieren, Pflanzen und Blumen. Alle Wesen sind aus göttlicher Liebe erschaffen. Wenn wir diese Liebe allen Wesen schenken, bekommen wir sie vervielfacht zurück!

Glücklich zu sein ist eine Wahl – kein Schicksal! Glücklich zu sein ist ein Bewusstseinszustand. Wir sind nicht auf die Erde gekommen, um im Paradies zu leben, wo Milch und Honig fließen, die Erde ist ein Schulungsplanet, wir müssen lernen, uns anstrengen um vorwärts zu kommen. Das wirkliche Glück kann nur in uns entwickelt werden, wie wir die Welt wahrnehmen. Um glücklich zu werden, sollten wir auf unsere Gedanken, Worte und Taten achten.

Auch unsere Umgebung hat einen großen Einfluss auf unser Glücksgefühl, in der Natur werden wir leichter glücklicher als in der Großstadt. Ich rate euch zu einem Glücksplan in eurem Leben. Wenn ihr meint, dass ihr nur in der Großstadt die materielle Grundlage für euer späteres Glück schaffen könnt, so erstellt euch einen Ausstiegsplan. Je früher desto besser. Vergeudet weniger Lebenszeit, als ich es getan habe. Wenn ihr auf Reisen geht, bewegt euch so langsam wie möglich, am besten zu Fuß oder mit dem Fahrrad. Wenn ihr in der Stadt leben solltet, umgebt euch mit so vielen Pflanzen wie möglich und betreut diese liebevoll.

Liebe ist ein unerschöpfliches Thema. Man kann ewig darüber sprechen, ohne es satt zu haben. Liebe ist wie essen, trinken, atmen; man kann nicht leben ohne zu lieben und ohne von der Liebe zu hören. Was wissen die Menschen wirklich von der Liebe? Sie kennen vor allem den Kummer und das Missgeschick, die damit verbunden sind. Warum? Weil für die meisten Menschen das Glück darin besteht, geliebt zu werden. Um glücklich zu sein erwarten sie, dass die Liebe von außen zu ihnen kommt. Kommt diese Liebe nicht oder wird sie ihnen entzogen, fühlen sie sich frustriert und zweifeln an ihrer Stärke und ihrer eigenen Liebeskraft. Sie wollen, dass ihnen die Liebe von jemandem außerhalb ihrer selbst gegeben wird. Wenn ihr euch aber nicht entschließt eure Haltung zu ändern werdet ihr leiden. Um euren Frieden und eure Freude zurückzugewinnen, sagt euch, dass ihr nur auf die eigene Liebe zählen dürft. Erwartet nicht, dass die eigene Liebe von anderen kommt. Da ihr Liebe braucht, um glücklich zu sein, da ihr fühlt, dass ihr euch in der Liebe entfaltet, da ihr wollt, dass eure Liebe ewig dauert, so liebt selbst und erwartet nicht geliebt zu werden.

Der einzig wahre Weg ist der Weg der Liebe. Deshalb sagen wir (Peter

Deunov), dass der einzig gerade Weg zum Erreichen der menschlichen Wünsche der Weg der Liebe ist. Dieser Weg ist weder neu noch alt; er ist weder leicht noch schwer. Schön ist der Weg der Liebe. Vom Menschen hängt es ab, ob er leicht oder schwer ist. Es gibt aber Menschen, die, wenn sie jemanden lieben, ihn befreien. Sie nehmen die Ziemen ab und lassen ihn in die Freiheit. Dies ist der leichte Weg der Liebe.

Nimm nun immer die göttlichen Gedanken mit guter Laune wahr, um zufrieden zu sein. Sie sind das Wesentliche im Leben des Menschen, weil sie ewig sind. Meide die zeitlichen Dinge und strebe die ewigen an. Zum Beispiel ist das Geld zeitlich, das Licht ewig. Der Mensch benötigt hauptsächlich Brot, Wasser, Luft und Licht und nicht Geld. Das Geld kommt später als Resultat von etwas. Das Geld ist ein Diener der ewigen Dinge. Der Mensch benötigt Liebe. Habt ihr Liebe, wird das Geld von alleine kommen. Wer kein Geld hat, bei dem ist seine Liebe klein. Es ist nicht schlecht, wenn der Mensch Geld hat, aber er soll damit umgehen können und wissen, wie er das Geld verwenden soll.

Das Glück des Menschen hängt von der Liebe ab. Im Glück fühlt der Mensch dank der Liebe, die ihn besucht hat, eine Erweiterung und Fülle. Dann hört der Mensch die Stimme aller Lebewesen und fühlt den Puls des gesamten Lebens. Helft denjenigen, die euch lieben und die euch benötigen. Helft den Schwächeren – den Pflanzen und den Tieren, die für euch tun, was ihr nicht tun könnt; und ihr werdet auch dasjenige für sie tun, das sie nicht für sich tun können.

Wenn ihr nicht für das Wenige dankt, wird man es euch wegnehmen. Wer für alles, was ihm gegeben wird, dankt, ist reich. Der Reichtum und die Armut sind psychische Zustände. Wie der Mensch denkt, ein solche Lage erschafft er: Denkt er, er sei arm, wird er ein Armer; denkt er, er sei reich, wird er ein Reicher. Die Menschen leiden, weil sie Angst vor Krankheiten, Armut und Tod haben. Wirf die Angst weg und fürchte dich vor nichts. Jede Nachlässigkeit dem Guten, der Gerechtigkeit, dem Bewusstsein gegenüber ist eine Ursache für die Leiden im Leben des Menschen.

Benutze die Gefälligkeiten der kleinen Ereignisse im Leben, um Gutes zu tun. Verachte nicht die kleinsten Blümchen, die du auf dem Weg triffst, verachte nicht die Tautropfen, die du auf den welken Blättern siehst, verachte nicht das Zwitschern der kleinen Vögel, die sich unterhalten, verneine auch nicht das kleinste Lied des Lichtes, das deine Seele erfreut, verweigere auch dem kleinen Käfer, der um dich herum brummt und betet, deinen Gefallen nicht. Glückselig die reinen Herzens sind, denn sie werden Gott schauen. Alles, was euch umgibt, ist lebendig. Das Licht, das wir erhalten ist nichts anderes, als ein Geschenk der Liebe.

Die göttliche Welt ist Licht, eine Welt der Ordnung, eine Welt der ewigen göttlichen Harmonie, die die leuchtenden Wesen im Universum verbreiten, das von Gott als Äußerung seines Ruhmes und seiner Herrlichkeit geschaffen wurde. Der Aufstieg erfreut den Menschen, bringt ihm Freude und Erweiterung. Der Mensch kann nicht glücklich sein, bis er nicht das Glück allen Menschen wünscht! Strebt nach leuchtenden Gedanken, Gefühlen und Handlungen, um selbst mit dem Leben zufrieden zu sein. Wenn der Mensch stets zufrieden und dankbar ist, hat er schon die Unsterblichkeit erlangt.

Tod und Auferstehung sind zwei Prozesse, die im menschlichen Bewusstsein stattfinden. Die Aufgabe des Menschen ist zu lernen und das Gelernte anzuwenden, um den Sinn des Lebens und seine Bestimmung als Mensch zu verstehen. Was ist der stärkste Impuls im Leben? Der Impuls der Liebe. Die kleinen Äußerungen der Liebe bergen dieselbe Kraft in sich wie die großen. Eines Tages, wenn sich die Liebe in ihrer Ganzheit äußert, werden alle Wesen, Menschen, Tiere und Pflanzen Gebrauch von ihrer Fülle machen. Der Mensch wird sich die Liebe derjenigen zunutze machen, die über ihm stehen. Die Liebe ist eine unerschöpfliche Quelle der Kräfte und der Güter.

Wenn wir nicht schon immer göttliche Wesen wären, könnten wir die göttliche Liebe gar nicht in uns tragen. Wir müssen sie einladen, damit sie sich in uns niederlässt. Dann wird – wohin wir auch gehen – unsere Liebe strahlen und aus uns herausströmen. Der Liebe ist eine außerordentliche Macht gegeben, wenn man sie richtig versteht und manifestiert. Nur sie kann alles, macht alles wieder gut und bringt ungeahnte Kräfte in Gang. Die Liebe, in der die Eingeweihten unentwegt leben, ist eine Liebe, die verjüngt, die stärkt und unermüdlich lichtvoll und schön macht, eine Liebe, die das ewige Leben bringt, uns neu belebt und unsterblich macht.

Wenn ihr die wahre Liebe sucht, dann wisst ihr, dass ihr sie nur »oben« findet. Diejenigen, die sie ehrlich und aufrichtig dort suchten, haben sie immer gefunden. Der Weg zum Glück ist die Liebe, die Liebe allein. Um glücklich zu werden, muss man sich erweitern, bis man das ganze Universum zu umfassen vermag; diese Erweiterung kann nur die Liebe bewirken.

Lernt großzügig zu sein, verteilt eure Schätze, sogar die materiellen. Um glücklich zu werden, muss man ein Diener werden. Erwartet nichts, sobald man irgendeine Anerkennung oder Dankbarkeit erwartet, ist man in der Welt der Unzufriedenheit, der Vorwürfe, der Rachsucht, des Kummers.

Die Belohnungen stellen sich oft mit etwas Verspätung ein, aber früher oder später werden sie kommen und deshalb sollte man nichts erwarten. Wer voller Liebe ist, schreitet über seine Grenzen hinaus, dehnt sich aus, umarmt das Universum, schwingt mit ihm im Einklang, für ihn öffnet sich alles, er trifft auf keine Schranken und das Glück verlässt ihn nie mehr.

Um zu empfangen, muss man geben. Mit einem hohen Ideal und dem aufrichtigen Wunsch, vorwärtszukommen, erhaltet ihr das Wissen und die Kraft, um alle Hindernisse, die euch eure Feinde in den Weg legen, wie Sprossen zu benutzen, die euch ermöglichen, immer höher und höher zu steigen. Glück oder Unglück hängen von uns ab, wir säen und ernten entweder Glück oder Unglück.

Die Verschmelzung zwischen Mann und Frau muss sich zuerst in den höheren Regionen, in der göttlichen Welt, in der Welt des Lichtes vollziehen. Erst danach kann sie auf der psychischen Ebene erfolgen. Aus dieser Fülle heraus werden Schöpfungen von unbeschreiblicher Schönheit entstehen. Auf der spirituellen Ebene ist jeder Mensch zugleich Mann und Frau, der Mensch ist also androgyn auf der spirituellen Ebene. Das Leben des Menschen ist nichts anderes, als eine lange Reise zur Entdeckung unbekannter Regionen. Für den Menschen, dem es gelungen ist, im Licht zu leben, gibt es kein Schicksal mehr.

Die größte Gefahr besteht darin, einer materialistischen Philosophie zu folgen, die sie antreibt, alle Befriedigungen auf der physischen Ebene zu suchen. Wenn ihr also einen Wunsch verspürt, beeilt euch nicht, ihn zu befriedigen, denn dieser Wunsch ist es, der euch erhebt, euch erfüllt. Wenn man sich an manchen Tagen völlig gelöst, inspiriert fühlt, als entging man den Gesetzen der Schwerkraft, so deshalb, weil wir hoch gestiegen sind, selbst wenn es unbewusst war.

Unser wirkliches Interesse liegt darin, an die anderen zu denken, denn dadurch verbessern wir unsere Lebensbedingungen. Intelligenz beinhaltet auch die Fähigkeit, sich in die Zukunft zu versetzen, um die Konsequenzen der eigenen Handlungen oder Unterlassungen vorauszusehen. Ob alt oder jung, das Glück besteht darin, das Leben einem hohen Ideal zu weihen. Ob es sich verwirklicht oder nicht, ist unwichtig. Unsere Aufgabe ist, an seiner Verwirklichung mitzuarbeiten, denn allein dieses Ideal ist es wert, dass man ihm sein Leben weiht.

Man kann durch Prüfungen stärker und reicher werden. Mit der richtigen Philosophie und Denkweise kann man sehr zu seinem inneren Wohlbefinden beitragen. Gedanken und Gefühle sind für das Bewusstsein entscheidend. Liegt die Ursache unseres Glücks in uns, dann kann nichts und niemand es uns nehmen. Wenn wir die Sprache des Schicksals verstehen, werden wir immer glücklicher sein.

Die Sensibilität ist nicht nur diese Fähigkeit, dank derer wir von geliebten Menschen, von der Pracht der Natur, der Schönheit der Kunstwerke gerührt und in Bewunderung versetzt werden können. Sie öffnet uns auch die Tore zur Unendlichkeit, zum spirituellen Licht; sie führt uns zum Verständnis der göttlichen Ordnung, sie gibt uns die Möglichkeit, mit den verschiedenen Regionen, mit den Wesenheiten und Strömungen des Himmels im Einklang zu schwingen.

Nur das, was oben in der Welt des Geistes erschaffen wird, ist von ewiger Dauer, alles Übrige ist vergänglich. Versteht man es, lichtvolle Kräfte auszulösen, so werden eines Tages alle Hindernisse verschwinden und eine neue Ordnung voller Frieden und Harmonie wird sich auf Erden niederlassen. Bei uns wird der Schwerpunkt auf den Erwerb von Wissen gelegt, statt sich um die Bildung des Charakters zu kümmern. Ein bulgarisches Sprichwort: » Das Böse dauert bis morgen Mittag, das Gute hingegen bis in alle Ewigkeiten.«

Unser Leben findet fast nur im Außen statt, dabei verarmen wir innerlich. Wir sollen unsere göttliche Natur, das Christusprinzip, anflehen, sich in uns niederzulassen. Die Fülle, der Reichtum und die Ordnung müssen vor allem in uns selbst herrschen. Wenn man das Glück sucht, gibt es kein anderes Geheimnis, als ein intensives, spirituelles Leben zu führen. Wir sollen in jedem Augenblick danken, was auch geschehen mag, auch bei Schwierigkeiten, Kummer oder Leid.

Der Frieden bringt uns mit der ganzen Schöpfung in Einklang. Wenn wir in dieser Harmonie leben, können wir nicht unglücklich sein.

Jetzt noch einige schöne Weisheiten zum Alter, der Autor dieses Buches (Rolf) ist gerade im 7. Lebensjahrzehnt angekommen.

Das Alter ist in Wirklichkeit die beste Phase des Lebens. Nach langen Jahren des Forschens und innere Erfahrung kommt Klarheit, Frieden, Heiterkeit, Weisheit und Güte. Wenn wir im Alter unsere Kräfte für das Licht, ein hohes Ideal einsetzen, werden wir mit zunehmendem Alter immer lebhafter und ausdrucksvoller, wir übertreffen sogar unsere Jugendjahre an Lebensintensität und Ausdrucksfähigkeit.

Wir sind überzeugt, dass sich die Seele durch den Körper noch mit erstaunlicher Jugendlichkeit ausdrücken kann. Glücklich sein ist mehr als gesund zu sein, sich geliebt fühlen, wegen seiner Fähigkeit anerkannt zu werden. Der wirkliche Frieden ist ein höherer Bewusstseinszustand. Das wahre Glück geht weit über den physischen Körper, über das Herz und den Intellekt hinaus. Auch über Ehepartner, Ruhm, Wissen, Schönheit, Geld und Haus.

Das Glück ist deshalb so schwer zu erreichen, und zu bewahren, weil man es auf einer sehr hohen Ebene suchen muss. Diese Region existiert im Weltraum, aber auch in uns selbst. Das Wahre Glück, ebenso wie der Frieden, ist ein Zustand, der sich durch Beständigkeit auszeichnet. Wir sollen nach innen gehen und in der Tiefe unseres Wesens das Ewige, den Geist, Gott selbst suchen. Den Sinn des Lebens finden bedeutet, ein Element zu finden, das nur die göttliche Welt uns geben kann. Den Sinn des Lebens gefunden zu haben, bedeutet einen so hohen Bewusstseinszustand erreicht zu haben, dass er das gesamte Universum umfasst.

Den Sinn des Lebens werdet ihr erst finden, wenn ihr euch in den Dienst eines hohen Ideals stellt. Denn hinter diesem Ideal stehen Milliarden lichtvolle Wesenheiten, die für es arbeiten, wenn sie merken, dass ihr mit ihnen am Aufbau einer neuen Welt mitwirkt. Sie überschütten euch dann mit all ihren Segnungen, bis ihr wahrnehmt, wie etwas in euch strahlt und überströmt.

Immer weitergehen, immer weitere höhere Ziele anstreben, das ist es was dem Leben wirklich einen Sinn verleiht. Wir können göttliche Augenblicke erleben durch Meditation, Gebet, Musik, Texte oder Betrachtung einer Landschaft, dies sollen wir schätzen und dem Himmel danken.

Wir sollen auch die schönsten Erlebnisse des Glücklichseins fest verinnerlichen und diese Bilder immer wieder abspielen. Dabei unsere Gedanken, Gefühle, Empfindungen, Stimmungen und Energien wieder aufleben lassen. Den Sinn des Lebens findet man weder in der Familie, noch im Beruf, weder in der Kunst, noch beim Reisen, so kommt man dem Sinn des Lebens näher, aber es enthält ihn nicht. Den Sinn des Lebens findet man erst, wenn man sich dazu entschließt, an der Verwirklichung des Reichs Gottes und seiner Gerechtigkeit mitzuwirken.

Wichtig ist auch die tiefe Gewissheit, dass unser geistiges Team immer für uns da ist, das sie uns immer liebevoll führen und auf uns aufpassen. Wir sollen sie darum bitten. Wenn wir morgens das Haus verlassen, sollen wir die gesamte Schöpfung grüßen und der ganzen Welt zulächeln. Wir wünschen allen Wesen einen »Guten Morgen« dann wird uns das ganze Universum antworten, da können wir nicht allein sein.

Wir sollen uns auch immer bewusst machen, wie gut es uns geht und all die Vorteile sehen, die wir gegenüber Menschen haben, die unter entsetzlichen Umständen leben. Wir sollen auch jeden Tag lebendiger werden und unser Licht und unsere Wärme ausstrahlen. Und jeden Morgen beim Aufwachen zum Lieben Gott beten und uns bedanken, dass wir gesund sind, atmen, essen, gehen, sehen, hören, denken und lieben können. Dann können wir mit Liebe und Freude in den Tag hineingehen.

Das Glück ist keine momentane Empfindung und betrifft den Menschen in seiner Gesamtheit. Unser Kopf sollte ausschließlich dem Licht, dem Himmel, den Engeln und Erzengeln zur Verfügung stehen, um ihre

Botschaften und Ratschläge zu empfangen. Das höchste Ideal, nach dem wir streben können, ist die göttliche Vollkommenheit. Hat man den Sinn seines Lebens gefunden so besitzt man die innere Fülle.

Wenn man einen Augenblick den Sinn des Lebens erkannt hat, muss man ihn in die Länge ziehen, damit er zu einem anhaltenden Bewusstseinszustand wird. Unsere Gedanken dringen ins gesamte Universum! Mit guten Gedanken und einer positiven Lebenseinstellung laden wir das Glück ein. Eine schöne, einfache Geste ist, alles zu segnen, Menschen, Tiere, Situationen, unser Essen, Landschaften und Ereignisse, am besten mit der goldenen, göttlichen Energie. Wir alle haben ungeahnte Möglichkeiten! Nichts kann der Dankbarkeit widerstehen!

Auch ohne offenbaren Grund zur Freude sollen wir danken und uns freuen. Wenn wir nach oben schauen und dem Himmel danken, erhalten wir Licht und Kraft. Unsere Seele spricht durch unser Herz, also fragt öfter das Herz, was es will. Wenn wir Überfluss und Fülle suchen, so sollten wir wissen, dass wir sie nur in uns selbst finden.

Wenn ihr versucht, die Liebe der anderen zu gewinnen, konzentriert ihr euch auf etwas Äußerliches und eure Liebe schwindet dahin. Entscheidet euch, die ganze Schöpfung, die Sonne, die Sterne, Mutter Erde, alle Tiere, Bäume, Pflanzen, Blumen, der Herrn und all die Hierarchien der lichtvollen Geister zu lieben, die über uns sind. Erst wenn ihr beschließt zu lieben, ohne Gegenliebe zu erwarten, werdet ihr wirklich geliebt. Wenn ihr nicht mehr nach Liebe sucht, dann wird sie immer da sein, euch freundlich anschauen und zulächeln.

Ihr werdet feststellen, dass die Liebe euch verfolgt, sobald ihr aufhört, ihr nachzujagen, sie wird sogar aufdringlich! Grüßt und segnet alle Menschen, denen ihr begegnet, stellt euch vor, Gott würde euch als dieser Mensch begegnen! So, meine lieben Freunde, liebe Leser*innen, eigentlich wollte ich hier dieses Kapitel beenden, obwohl noch sehr viel dazu gesagt und geschrieben werden könnte.

Gestern las ich eine Engel-Botschaft, die uns durch Ann Albers vermittelt wurde. Diese Botschaft ist so aktuell und passt zu diesem Kapitel, es ist für euch eine Zugabe aus der geistigen Welt.

Im Recht oder glücklich sein?

Würdet ihr lieber glücklich oder im Recht sein?

Meine lieben Freunde, wir lieben euch so sehr.

Nun, da eure Erde sich selbst wiedergebiert, wünschen wir euch ein Gewahrsein eurer unglaublichen Freiheit. Jeder von euch hat ungeachtet von äußeren Umständen die Freiheit, seine Energien so einzustellen, dass er das Leben anzieht und zulässt, was er sich wünscht. Ihr beginnt, es zu euch anzuziehen, wenn ihr euch in eurer inneren Welt auf die Dinge fokussiert, die ihr wertschätzt und die euch Freude bereiten, und wenn ihr euch auf die Aspekte fokussiert, die euch erstaunen und die ihr bewundert, und wenn ihr in diesem inneren freudigen Raum des Nachdenkens über das seid, was euch glücklich macht und euch inspiriert.

Man hat euch jedoch beigebracht, euch übermäßig stark auf die äußere Welt zu fokussieren. Wir wissen, dass ihr euch natürlich auf das Äußere fokussieren müsst, wenn ihr euch mit ihm befassen müsst, und wir feiern euren Fokus auf all das was ihr dabei genießt. Wenn ihr jedoch anfangt, eure Lebenskraft – eure Aufmerksamkeit und Energie – als eure wertvollsten Ressourcen zu betrachten, dann werdet ihr anfangen, etwas kritischer damit umzugehen, wie ihr euren Fokus einsetzt.

Eines der Dinge, die euch am meisten eurer kostbaren Lebenskraft berauben, ist, über euch selbst oder andere zu urteilen, euch selbst oder anderen gegenüber im Widerstand zu sein, euch selbst oder andere ins Unrecht zu setzen (selbst dann, wenn ihr oder sie wirklich im Unrecht seid!) und euren Fokus darauf zu richten, was ihr an euch selbst oder anderen nicht mögt, anstatt euch auf das zu fokussieren, was ihr an anderen mögt, und vor allem auf das, was in euch stimmig oder richtig ist.

Ebenso müsst auch ihr mit niemanden übereinstimmen. Ihr müsst nicht darauf bestehen, dass eure Perspektive die richtige für sie sein sollte. Und ihr müsst nicht mit anderen übereinstimmen, die darauf bestehen, dass ihre Perspektive die richtige für euch ist. Es gibt keinen Grund, zu debattieren oder zuzustimmen. Ihr habt das Recht, ihr zu sein! Hört zu, wenn ihr müsst, aber bleibt einfach euer herziges, wunderbares Selbst!

Jeder, auch ihr, hat einen inneren »heißen Draht zum Göttlichen«, denn das Göttliche IST euer größeres Selbst, und das Göttliche möchte, dass jeder in einem harmonischen Tanz lebt, ob das nun bedeutet, dass ihr physisch zusammenlebt und zusammenarbeitet, wie es das Herz und die Nerven tun, oder ob ihr euch unabhängig voneinander auf euren eigenen Wegen bewegt, wie es viele Zellen im Körper tun müssen, um ihrer eigenen Gestaltung oder Bauweise gemäß zu funktionieren. Ihr würdet zum Beispiel keinen Knochen im Herzen oder das Herz in den Knochen finden.

Wenn ihr auf euch selbst hört und das tut, was sich im jeweiligen Moment am besten anfühlt, werdet ihr euren Platz unter denen finden, die mit euch in Resonanz sind, und werdet euch – ganz natürlich, leicht, ohne Urteil, Streit oder Bedürfnis, Recht zu haben – ganz natürlich von denen entfernen, die nicht in Resonanz sind. Es kann wirklich so einfach sein. Das Universum wurde dafür gestaltet, so einfach zu sein.

Wenn ihr die Natur betrachtet, seht ihr die absolute Perfektion eines jeden Teils eines Ökosystems. Ihr könnt dort auch die absolute Absurdität der Vorstellung erkennen, dass ein Teil der Natur darauf bestehen würde, dass sein eigener Weg für einen anderen Teil der richtige ist. Würde ein Vogel darauf bestehen, dass ein Fisch fliegen muss? Würde ein Baum darauf bestehen, dass das Moos in den Himmel klettern muss? Würde ein Felsen darauf bestehen, dass er rollen muss, anstatt sich mit seiner Aufgabe zu begnügen, den Boden an seinem Platz zu halten? Würdet ihr die Käfer für ihre Existenz ins Unrecht setzen? Wenn ihr das tätet, müsstet ihr Vögel ausmerzen, die sie fressen, und die Wälder, die von den Vögeln gesät werden, und die Luft, die die Wälder für euer Leben und eure Lungen produzieren, und als Folge davon euer eigenes Leben. Alles, jeder kleine, winzige Teil der Schöpfung, hat einen Zweck und einen Wert.

Und ihr ebenso!

Wenn ihr euch dieser sehr grundlegenden Tatsache der Existenz ergebt, hört ihr auf, mit dem Leben zu kämpfen. Ihr findet Freiheit, Freude und einen Fluss der Gnade, der euch in Leichtigkeit zu euren Wünschen führt. Wenn ihr in einer höheren Schwingung seid, in der ihr die Vollkommenheit des Tanzes des Lebens auch dann annehmt und bejaht, wenn ihr sie nicht versteht, vermeidet ihr es, euch in diese so häufigen, unangenehmen Meinungsverschiedenheiten zu verstricken, die Teil des menschlichen Lebens zu sein scheinen. Der allzu häufige Tanz von »Ich habe Recht / Du hast Unrecht, Ich habe Recht / das Leben ist unrecht, Ich habe Unrecht / nichts ist richtig« und so weiter hat noch nie jemanden wirklich glücklich gemacht.

Ihr könnt Recht damit haben, dass andere im Unrecht sind, aber das wird euch niemals glücklich machen. Ihr könnt Recht damit haben, dass das Leben im Irrtum ist, aber das wird euch nur herunterziehen. Ihr könnt Recht damit haben, dass ihr selbst falsch liegt, aber die Besessenheit über eure so genannten Mängel oder Fehler wird euch niemals das Wachstum ermöglichen, das euch besser fühlen lässt.

Das Einzige, was euch wirklich ein gutes Gefühl gibt, ist die Erkenntnis, dass alle Menschen in Bezug auf ihr eigenes seelisches Wachstum und ihre eigene Ausdehnung und Entfaltung Recht haben.

Wie fühlt man sich nun also richtig, wenn sich das Leben falsch anfühlt? Wie fühlt man sich richtig, wenn man das Gefühl hat, dass andere falsch liegen? Wie fühlt man sich richtig, wenn man sich selbst als verkehrt empfindet? Es ist eigentlich gar nicht so schwer, ihr Lieben. Stellt euch einfach eine Frage, die viele von euch schon oft gehört haben...

Möchte ich lieber Recht haben oder möchte ich lieber glücklich sein?

Wenn du antwortest: »Ich hätte lieber Recht!«, fragt euch behutsam: «Warum?« Warum wollt ihr Recht haben? Ist nicht das ultimative Ziel davon, Recht zu haben, glücklich zu sein? Ihr erzählt euch selbst, dass ihr glücklich sein werdet, wenn andere anerkennen, dass ihr Recht habt. Dass ihr zufrieden sein werdet, sobald das Leben euren Erwartungen entspricht. Dass ihr glücklich sein werdet, wenn ihr gemäß der Standards perfekt seid, die euch einprogrammiert wurden, bevor ihr überhaupt die Wahl hattet, an sie zu glauben. Ist das wahr, ihr Geliebten?

Hinterfragt euch selbst zutiefst: Glaubt ihr wirklich, dass ihr glücklich sein werdet, wenn jemand leidet, der euch verletzt hat? Tiefer noch? Würdet ihr ihn nicht lieber einfach in Ruhe lassen, euch von der Last befreien, die er euch auferlegt hat, und jetzt glücklich sein?

Wenn ihr darauf wartet, dass die äußere Welt konform geht, ehe ihr euch für das Glück entscheidet, könnt ihr ein Leben lang warten.

»Recht haben« ist tief in der menschlichen Psyche verwurzelt. Ihr seid darauf trainiert worden, euch zu fühlen, als wären euer Wert, eure Identität und euer Wesen bedroht, wenn ihr »falsch« liegt, doch nichts kann euren Wert in den Augen eures Schöpfers entkräften. Nichts kann die wertvolle, perfekte und einzigartige Rolle, die ihr in der gesamten Schöpfung spielt, entkräften.

Euer Ego kann sich bedroht fühlen, aber eure Seele, euer Schöpfer und eure Engel kennen alle euren Wert. Und das Beste von allem ist, wenn ihr euren Wert wirklich annehmt – unabhängig von äußerer Bestätigung – werdet ihr Menschen und Situationen anziehen, die euch in Leichtigkeit diesen Wert zurückspiegeln. Wenn ihr bis dahin an dem Bedürfnis festhaltet, Recht zu haben und dass andere zustimmen, werdet ihr wahrscheinlich im Gegenzug Schwierigkeiten bekommen.

Wenn ihr zum Beispiel im Stau steht, könnt ihr den Autos vor euch die Schuld geben. Ihr mögt Recht haben. Ihr könnt euch selbst die Schuld geben, weil ihr zu spät losgefahren seid. Ihr mögt Recht haben. Ihr könnt den Straßen der Stadt die Schuld geben, weil sie nicht genug Fahrspuren haben. Ihr könnt Recht haben. Ihr könnt hupen und die Autos vor euch werden zurückhupen. Und die Situation kann noch unangenehmer werden. Oder ihr könnt aufhören zu schimpfen und sagen: »Hier bin ich. Ich kann es nicht ändern. Ich bin vielleicht spät dran. So sei es. Wie kann ich diesen Zeitpunkt genießen?« Ihr könnt das Radio einschalten. Ihr könntet für jeden im Straßenverkehr beten. Ihr könntet euch hinsetzen und an alle und jeden denken, die ihr liebt, an alle Wesen Liebe schicken und wenn ihr eine dieser Möglichkeiten wählt, könnt ihr glücklich sein!

Vielleicht seid ihr Opfer von unfreundlichem oder missbräuchlichem Verhalten geworden. Ihr könnt sicherlich dem Täter die Schuld geben, und ihr habt vielleicht sogar Recht. Ihr könnt euch selbst die Schuld dafür geben, dass ihr in eine schlechte Situation geraten seid. Ihr könnt der Welt und ihrer Programmierung die Schuld geben, und ihr mögt Recht haben. Ihr könnt euch auf die Ungerechtigkeit fokussieren und dadurch noch mehr Ungerechtigkeit anziehen. Das Göttliche versucht immer, euch zu einer liebevolleren Lebenserfahrung zu führen, aber es gibt viele in dieser Welt, die dieser Art von Fokus bereitwillig entsprechen werden.

Würdet ihr nicht lieber glücklich sein? Würdet ihr euch nicht lieber darauf fokussieren, wie sehr ihr gewachsen seid, darauf, wie sehr ihr euch von den Menschen unterscheidet, die euch verletzt haben, darauf, wohin ihr in eurer Zukunft geht, wie stark ihr seid, und auf all das Gute in eurem jetzigen Leben? Würdet ihr nicht lieber aufhören, denen, die unfreundlich zu euch waren, eure Macht zu geben, und eure Freude zurückgewinnen? Es liegt an euch, liebe Freunde. Euch auf das zu fokussieren, was euch besser fühlen lässt, ist eine Wahl, die ihr trefft.

Wir wissen, dass ihr tief in eine Konditionierung eingetaucht wart, die euch auf subtile Weise lehrt, dass Recht zu haben eine höhere Priorität hat als glücklich zu sein. Hinterfragt viele Male im Laufe eures Tages. Jedes Mal, wenn ihr spürt, dass ihr euer eigenes Unglücklichsein rechtfertigt, fragt euch: »Möchte ich lieber Recht darüber haben, warum ich unglücklich bin – auch wenn ich im Recht bin – oder möchte ich lieber glücklich sein?« Und dann wählt – wenn ihr euch besser fühlen wollt – sich besser anfühlende Gedanken, immer einen Gedanken nach dem anderen.

Und all dies ist weit davon entfernt, andere mit etwas »davonkommen zu lassen« oder zum Fußabtreter zu werden. Sondern eure Schwingungsfrequenz der Freude wird freundlichere andere Menschen anziehen, ein Licht auf Unwahrheiten werfen und diese aufdecken und euch auf einen Weg der Leichtigkeit und Anmut führen!

Wenn ihr euch wirklich dafür entscheidet, eure Schwingung zu erhöhen, indem ihr den Tanz von Richtig / Falsch loslasst und darauf vertraut, dass das vibrierende, schwingende Universum Gleiches zum Gleichen zieht, dann, ihr Lieben, werdet ihr euch auf größeres Glück einstimmen. Indem ihr das tut, lasst ihr die Menschen und Situationen los, die ihr als »im Unrecht« empfindet, und lasst sie ihren Weg gehen, während ihr den Weg geht, der für euch »glücklich« ist und daher letztendlich am »richtigsten« für euch ist!

Gott Segne euch! Wir lieben euch so sehr.

Rolfs Kommentar zu diesem Kapitel

Wir haben uns in diesem Kapitel drei der wichtigsten Lebensbereiche in einem menschlichen, irdischen Leben angeschaut, den Sinn des Lebens, die göttliche Liebe und das Glücklichsein.

Diese drei Themen sind nicht nur eng miteinander verbunden, sie bedingen sich sogar gegenseitig. Glücklichsein braucht die göttliche Liebe und das Erkennen des Sinns des Lebens. Und im Sinn des Lebens ist die göttliche Liebe und das Glücklichsein ein Bestandteil. Und mit der göttlichen Liebe werden wir glücklich und erkennen unseren Sinn des Lebens.

Ihr liebe Leser*innen, konntet bestimmt die eine oder andere Anregung für euer Leben darin entdecken. Solltet ihr noch beruflich stark engagiert sein und / oder eine Familie mit Kindern haben, so steht euch bestimmt nicht so viel Zeit für den geistigen Weg zur Verfügung wie mir.

Wenn eure Prioritäten noch beim Beruf oder der Familie sind, könnt ihr trotzdem euren spirituellen Weg parallel dazu beginnen oder verstärken. Schöne Übungen oder Rituale sind z. B. das Segnen mit der goldenen göttlichen Energie, die Gedankenkontrolle, das morgendliche Dankesgebet für unseren lieben Herrgott, das Achten auf unsere Worte, jeden Menschen, der euch begegnet als göttliches Wesen zu betrachten, in ruhigen Zeiten göttliche Liebes- und Heilungsenergien ausstrahlen, nicht beurteilen und der gesamten Natur liebevoll zu begegnen.

Zur Entspannung eignen sich wunderbar geführte Meditationen und ruhige, angenehme Musik. Auch sind Sonnenauf – und Sonnenuntergänge etwas ganz besonders Wertvolles und Schönes, mehr dazu im Kapitel Mutter Sonne. Sucht euch das heraus, was ihr gut in euer Leben integrieren könnt und beginnt Schritt für Schritt, übt das Jeweilige ständig bis es unbewusst funktioniert wie z. B. das Schalten beim Autofahren oder der Bewegungsablauf beim Gehen. Ihr werdet feststellen, dass euer Leben sich sofort verbessert und die Menschen positiver reagieren.

Viel Glück dabei wünscht Rolf

Mutter Erde

Die Seelen aller jetzt auf der Erde inkarnierten Menschen haben für dieses Leben eine doppelte Aufgabe bekommen, der sie zustimmten, vorher, im Himmel.

Die erste Aufgabe in unserem Seelenplan ist eine individuelle, jeder Mensch hat seine persönliche Seelenaufgabe in diesem Leben. Wir alle haben auch noch eine zweite Aufgabe bekommen, eine kollektive, wir sollen hier in diesem Leben als Hüter für Mutter Erde tätig sein. Vielen Menschen ist diese Aufgabe tief in ihrer Seele bewusst und sie werden jetzt daran erinnert, weil es Mutter Erde schlecht geht. Weltweite Bewegungen entstehen, wie »Fridaysforfuture«, viele Großfirmen produzieren grüner, nachhaltiger, die Nachfrage nach bio-Produkten wächst enorm und immer mehr Menschen entscheiden sich, vegetarisch oder vegan zu leben.

Nur die sog. Mächtigen haben die Entwicklung noch nicht verstanden, noch nicht in ihrem Bewusstsein. Deshalb muss die Veränderung von unten – von uns – ausgehen. Da alles mit allem verbunden ist, verstärkt jeder einzelne Mensch, der fortan zum Wohle des Gesamten lebt und handelt, diese zwingend notwendige Trendwende.

Ich (Rolf) habe vor 5 Jahren für mein Büchlein »Die Reise des Lebens« eine Botschaft von Mutter Erde bekommen, die hier für euch, liebe Leser/Innen, wiederholt wird, da sie noch immer aktuell ist.

Botschaft von Mutter Erde

Meine lieben Menschenkinder, ich, Eure Mutter Erde, möchte heute zu euch sprechen und euch informieren über die Reise, zu der ich mich entschlossen habe und ich darf euch alle mit meiner ganzen Liebe einladen, diese Reise mit mir anzutreten.

Die meisten von euch haben schon mehrere Leben auf mir verbracht als wir noch im Einklang miteinander gelebt haben.

Ihr habt diese paradiesisch schönen Zustände in euren Zellen gespeichert, ganz tief in euch wisst ihr noch davon, ihr wünscht von Herzen, wieder so zu leben. Alles was ihr zu einem glücklichen Leben auf Erden brauchtet, habt ihr von mir bekommen.

Die Luft, die ihr atmetet, das Wasser, das ihr trankt, die Pflanzen für eure Nahrung schenkte ich euch, ihr durftet auf meinem Körper wohnen, schlafen und leben.

Dafür wart ihr dankbar und zeigtet mir mit eurer Liebe zu mir und eurem Leben im Einklang mit mir, dass ihr euch wohlfühlt und dass es euch gut geht auf eurem Heimatplaneten, der ich bin.

Nach euren Zeitbegriffen vor wenigen hundert Jahren habt ihr euch entschlossen, ein Stück von mir abzurücken, Maschinen und neue Techniken sind in euer Leben gekommen, die euch das Leben scheinbar erleichtert haben und euch in die sogenannten Zivilisation geführt haben. Diese immer weitere Entfremdung von mir, von meinem Herzen, von meiner Seele und von meinem Wesen, hat dazu geführt, dass es vielen Menschen nichts ausgemacht hat, meine Luft zum Atmen zu vergiften, mein Wasser des Lebens zu verunreinigen, meine Erde, die euch immer gut ernährt hat zu versiegeln, verschmutzen, vergiften, zuzubetonieren, die Schätze, die in meinem Bauch über lange Zeit entstanden sind, habt ihr aus meinem Körper mit euren Maschinen herausgerissen oder gesprengt.

Ihr meine lieben Menschen und ich, eure Mutter Erde, wir haben uns auseinandergelebt, unsere Liebe wurde von euch einseitig aufgekündigt, ich habe euch immer geliebt und tue dies auch heute noch.

Ich bin ein seienes Wesen, das nicht in euren Kategorien von Materialismus, Macht, Gier, Gewalt, Zerstörung, Krieg, Hass usw. denkt, fühlt oder lebt, sonst würdet ihr nicht mehr auf mir leben können. Ihr als gesamte Menschheit habt, besonders in den letzten Jahrzehnten, nach eurer Zeitvorstellung, mich, eure liebe Mutter Erde, fast vollständig zerstört und in eurer Unbewusstheit damit auch eure Lebensgrundlage.

Diese Entwicklung wäre nicht mehr lange gut gegangen.

Deshalb habe ich mich entschieden, eine Veränderung einzuleiten, eine Reise anzutreten in eine andere Welt, in eine Welt, an die ihr euch noch erinnern könnt, wir waren zusammen glücklich und in Liebe vereint.

Ich biete euch an, diese Reise, die schon begonnen hat, mit mir zu erleben und zu gestalten.

Viele von euch sind schon voller freudiger Erwartung, voller Begeisterung, voller Enthusiasmus und Liebe, sie können es kaum erwarten, in der neuen Welt anzukommen.

Viele Informationen zu dieser Reise wurden euch schon gegeben, ich möchte einige für euch wichtige Punkte erklären. Ich, eure Mutter Erde, bin wie ihr, ein Wesen, das einen physischen Körper hat, auch einen feinstofflichen oder Energiekörper, ein Herz, eine Seele, ein Bewusstsein und auch ich bin wie ihr, mit allen anderen Wesen im Universum ununterbrochen verbunden.

Meine Seins-Entwicklung geht wie eure immer mehr ins Licht, ins göttliche Bewusstsein, in die allumfassende Liebe und in die Einheit allen Lebens.

Ich konnte aufgrund der Lebensumstände, die ihr Menschen geschaffen habt, mich nicht mehr weiterentwickeln, mein Leben wurde immer schwerer und bedrohlicher. Deshalb habe ich mich entschieden, ein anderes Leben zu beginnen, eine Reise anzutreten, die in eine andere Welt führt.

Dort wird das Leben aller Wesen, die diese Reise bewusst mitmachen, leichter, freier, eine höhere Energie oder Schwingung umgibt uns, alle Handlungen sind von Liebe geprägt, die Einheit allen Lebens ist unser Begleiter, viele jetzige menschliche Eigenschaften werden sich auflösen und bei allem, was getan wird, steht das Wohl des Gesamten im Vordergrund.

Das Vorstellungsvermögen der meisten von euch reicht noch nicht aus, das paradiesische Leben, das euch erwartet, klar zu erkennen.

Ihr habt die Wahl, ob ihr diese Reise voller Freude antretet oder in eurer alten Welt bleiben wollt, die sich in dieser Form bald auflöst.

Ich freue mich über jeden Einzelnen von euch Menschenwesen, die mit mir kommen wollen und die neue Welt erschaffen.

Jeder hat seine persönliche Aufgabe übernommen und sich »vor« diesem irdischen Leben bereiterklärt, zu dieser unendlich wichtigen Zeit seinen Beitrag zu leisten.

Jeder Gedanke, jedes Gefühl, jedes Wort und jede Tat von euch kommt bei mir an und hinterlässt seine Auswirkungen. Ich spüre eure Zuneigung und Liebe, immer mehr Menschen wenden sich mir zu und verbinden sich mit mir in Liebe und wollen aus tiefstem Herzen und tiefster Seele, dass es mir und euch bald wieder besser geht!

Ich helfe euch gern dabei, die begonnene Reise bis zum Ziel mitzugehen, alles was ihr dazu braucht, könnt ihr von mir bekommen und von allen geistigen Helfern, die unsere Reise mit großer Liebe begleiten.

Ich grüße euch, ich liebe euch und nehme euch mit großer Freude in Empfang bei eurem Reiseantritt!

Seit meinem Ausstieg 1995 lebe ich sehr naturverbunden, seit 2008 betreue ich 2 Energieplätze bei uns, auf denen die Besucher die starken Energien von Mutter Erde, ihr erhöhtes Magnetfeld, spüren können. Im Jahr 2021 wurde ein bis zu 6 mal so hohes Magnetfeld gemessen wie normal, an sog. Portaltagen, an denen eine starke universelle Energie auf Mutter Erde einwirkt. **Diese sehr hohen Energien bewirken unter anderem einen starken Bewusstseinsanstieg.** Diese Wirkungen sind sehr positiv für uns Menschen, wenn wir die Erdenergien bewusst und liebevoll nutzen. Ich fühle mich so eng mit Mutter Erde verbunden, dass ich jede Zerstörung ihrer Natur und jede Misshandlung, die ihr zugefügt wird, fast physisch am eigenen Leib spüre.

Ich lernte und verstand auch, besonders in den letzten Jahren, dass unsere liebe Mutter eine sehr hoch entwickelte Seele (Gaia) besitzt, die aus den höchsten geistigen Ebenen kommt und sich im Erdenkörper inkarniert hat. Weil sie reine göttliche Liebe ist, leben wir Menschen überhaupt noch. Wäre die Erde emotional wie wir oder würde Rache in sich tragen, wären wir Menschen längst verschwunden. Da es Mutter Erde sehr schlecht geht und sie in größter Not ist, müssen alle bewussten Menschen, die sog. Lichtarbeiter, sofort tätig werden. Als Allerwichtigstes sollen wir sofort und fortwährend Mutter Erde Liebe schicken und Heilungsenergie. Ein Beispiel einer starken Erdheilmeditation: Stellt euch vor, dass ihr mit Seelenaspekten (einem goldenen Punkt) euren Körper verlasst und eine Position oberhalb der Erdoberfläche einnehmt und von dort mit Hilfe aus der geistigen Welt eine blau-weiße göttliche Heilungsenergie auf die Erde einstrahlen lasst. Stellt euch diese Heilungsenergie wie Wolkenfetzen oder Nebelschwaden vor, die aus dem Universum zu Mutter Erde gelangen und Heilung bringen.

Wir können das z. B. über Gebete, Rituale und Meditationen tun und auch aktiv in der Natur, indem wir mit unserem Körper Mutter Erde berühren und uns vorstellen, dass durch uns göttliche Liebesenergie in den Erdkörper einströmt. Möglichst barfuß und mit freien Knien, auch mit den Ellenbogen, den Händen und der Stirn knien wir uns auf die Erde und lassen durch unseren Körper, besonders das dritte Auge auf der Stirn, so viel wie möglich göttliche, allumfassende, bedingungslose Liebe fließen. Unsere Helfer aus der geistigen Welt unterstützen uns gern dabei, wenn wir sie darum bitten. Das spürt Mutter Erde sofort und es tut ihr sehr gut, unsere Liebe zu erhalten. Als Nächstes sollen wir anfangen, die Natur wieder in Ordnung zu bringen. Ich spare mir die lange Aufstellung dessen was wir für die Natur tun können, weil jede(r) von euch tief in seiner Seele weiß, was zu tun ist.

Pflanzt z. B. wo immer ihr könnt Bäumchen oder Bäume oder unterstützt Organisationen, die dies tun, z. B. »Plant for the Planet«, eine weltweite Kinderorganisation, die schon für 1 € einen Baum pflanzt. Wir brauchen auch eine andere Landwirtschaftspraxis, z. B. Permakultur. Wir brauchen auch viel mehr Naturschutzgebiete und müssen den Flächenverbrauch stoppen. Bringt euren Kindern die Natur wieder näher und lockt sie von den Smartphones und Bildschirmen weg. Die Kinder haben in der Natur eine große Entdeckungslust und freuen sich an allen Tieren – an Fröschen, Eidechsen, Libellen, Schmetterlingen, Raupen, Regenwürmern, Insekten und an allem, was kreucht und fleucht.

Bei einer Ernährungsumstellung auf vegetarisch / vegan können wir locker 10 Mrd. Menschen gesund ernähren ohne dabei die planetaren Grenzen zu überschreiten. Es ist so einfach: Mehr Vielfalt auf dem Teller führt zu mehr Vielfalt auf den Äckern – die planetare Ernährung würde unser Essen leckerer machen und die Landschaft schützen. Und gleichzeitig uns selbst und Mutter Erde gesund erhalten.

In Schweden ist es Gesetz, dass für jeden Baum, der gefällt wird, 3 neue gepflanzt werden. So einfach vergrößert sich ihre Waldfläche permanent. Mutter Erde braucht auch keine Pflanzenschutzmittel oder sonstige Chemie.

Jetzt kommen noch Botschaften, Texte und Zitate zu diesem Thema.

Frau Prof. Dr. Maja Göpel, Politökonomin: In der Forschung zu Nachhaltigkeitszielen verbinden wir ein faires Minimum an materieller Versorgung für alle Menschen mit den planetaren Grenzen, also dem Maximum, was den Ökosystemen entnommen werden kann.

Peter Deunov, der wunderbare bulgarische Weisheitslehrer, gibt uns auch viele Anregungen: Liebt die Natur, liebt alles was Gott geschaffen hat. Liebt die schöne Welt, in die ihr eingetaucht seid. Brich auf in den Tag des Lebens! Steh auf, stell dich auf deine Beine und fühle, dass du mit allen Lebewesen auf der Erde und im Himmel verbunden bist. Die Menschen müssen vereint in ihrem Verstand, in ihrem Herzen und in ihrem Willen Gutes tun, damit sie die Erde in ein Paradies und ihr Leben in Musik und Gesang verwandeln.

Jeder Gegenstand, jedes Wesen, das ihr auf eurem Weg trefft – Steine, Bäume, Blumen, Vögel, Tier, Mensch – geben euch etwas. Die Flüsse, die Luft und das Licht geben euch auch etwas. Wenn ihr das wisst, macht ihr von allem Gebrauch und dankt für alles. Wer so denkt, ist gesund, munter und jung und erfreut sich am Leben.

In der Zukunft wird es keine Krankheiten geben. Die innere Seite des Lebens ist der Himmel und die äußere die Erde. Wer seine Harmonie bewahren will, muss ständig in sich gehen und dann wieder aus sich herausgehen, das heißt sich zwischen dem Himmel und der Erde als den Polen des Lebens bewegen. Was ist der Mensch? – Ein Wesen, das sich von einem Ort zum anderen bewegt. Er ist mit der Erde verbunden, weiter als die Erde kann er nicht gelangen. Die Erde ist der Ort der göttlichen Schätze, von denen du täglich Gebrauch machst.

Nun, solange ihr auf der Erde seid, nutzt die Bedingungen, die sie euch gibt. Wenn ihr zum Himmel hinaufsteigt, werdet ihr die himmlischen Bedingungen nützen. Nützt ihr die irdischen Bedingungen nicht bewusst könnt ihr auch die himmlischen nicht nützen. Seid zufrieden mit dem was ihr jetzt habt. Die Natur liebt keine Menschen, die viel Lärm um sich herum machen und ihre Energie verschwenden.

Heute streben die meisten Menschen große Dinge, große Errungenschaften an. Jeder möchte große Häuser, Schlösser und Paläste. Wenn es um die Frage nach großen Häusern geht, so ist die Erde das größte Haus, mit dem größten Dach – dem Firmament. Wenn ihm die Natur zu Verfügung steht, was für einen größeren Reichtum kann der Mensch erwarten. Die Erde trägt den Menschen, Jahrzehnte, ohne von ihm etwas zu verlangen. Er macht von der Nahrung, vom Wasser, von der Luft und vom Licht Gebrauch ohne dass etwas von ihm verlangt wird. Warum sollte er sich nicht an den Gütern erfreuen, die ihm reichlich gegeben werden. Er kennt die Erde nicht, aber will in den Himmel hinaufsteigen. Um die Bedingungen auf der Erde zu nutzen soll der Mensch seine Ansichten über das Leben ändern.

Schön ist die Welt, es gibt keine schönere Welt als diese in der wir leben. Freut euch und dankt, dass Gott euch auf die Erde geschickt hat um zu lernen und an Erfahrung zu gewinnen. Es wurde in der Heiligen Schrift gesagt, Gott habe den Menschen nach seinem Ebenbild geschaffen und ihn in das Paradies gestellt, damit er lerne. Und bis heute ist die Erde ein Paradies – vom Menschen hängt es ab, sie als Paradies oder als Hölle zu betrachten.

Der Mensch ist auf die Erde gekommen, um für sich, für sein Zuhause, für seine Heimat, für die gesamte Menschheit zu leben. Er wird sich auch bewusst, dass er auf die Erde gekommen ist, um seines Schöpfers Willen zu leben, das heißt, in sich Liebe zu haben. Alle Pflanzen, Tiere und Menschen werden sich über die neue Ordnung auf der Welt freuen. Alle werden befreundet sein. Die Erde wird sich transformieren und in ein Paradies verwandeln. Das Reich Gottes auf Erden naht schon. Was auch als kommendes Goldenes Zeitalter bezeichnet wird. Zum Abschluss dieses Kapitels möchte ich euch gern eine Botschaft von Mutter Erde, die durch Pamela Kribbe übermittelt wurde, an euer Herz legen.

Die Strömung

Liebe Menschen, ich bin die Erde. Ich bin der Boden unter euren Füßen, das Wesen, das euch und eure irdischen Körper aus Fleisch und Blut trägt. Ihr seid auf mich herabgestiegen, habt Gestalt angenommen auf mir und ihr seid hier, um euch durch mich, durch meine Kräfte und durch meine Wahrheit zu manifestieren. Durch mich strömt das Leben, welches leben, wachsen, sich entfalten und blühen will.

Und ihr seid Teil dieses Lebens, das sich durch mich entfalten will. Spürt einmal, wie das Leben in euch sich öffnen möchte. Wie es sich über die Erde zum Ausdruck bringt. Wie es sich aufrichtet, um das Sonnenlicht in sich aufzunehmen. Das Sonnenlicht, das von außen kommt zu mir, der Erde. Ihr steht auf der Erde und empfangt das Licht vom Himmel, von der Sonne. Ihr bildet die Brücke zwischen Erde und Himmel. Im Himmel seid ihr einfach Seele, körperlos, eine Kraftquelle, ein Lichtpunkt. Indem ihr euch manifestiert, nimmt das Licht Form, Brillanz und Farbe an, und jedes Licht nimmt dabei seine eigene, einzigartige Form an, hat seine ganz eigene Gestalt und seine eigene Farbe darzubieten. Ihr alle seid in eurer manifestierten Form auf der Erde einzigartige Lichter.

Es ist ein Wunsch der Seele, sich in eine Form zu kleiden, in etwas anderes als sie selbst ist. Sie selbst ist pures Licht. Ihr wollt euch selbst auf der Erde Form geben und ich unterstütze euch dabei. Ihr seid meine Bestimmung. Ich möchte euch an meinen Kräften teilhaben lassen, damit ihr zu den strahlendsten Formen werden könnt, die ihr zu sein wünscht. In mir und durch mich hindurch fließt ein Strom von Leben, und wenn ihr euch aus eurer Seelenkraft heraus darauf abstimmt, wirken wir zusammen.

Ihr als Mensch bildet die Brücke, ihr könnt eure Seelenenergie auf mich, die Erde abstimmen, und dann wird das Leben herrlich zu erleben, zu erfahren sein, denn dann wirken in euch die Kräfte des Himmels und der Erde zusammen. Wie macht ihr das? Wie bewirkt ihr diese Abstimmung? Wie sorgt ihr dafür, dass eure Seele mit dem Rhythmus der Erde mitfließt? Wie stimmt ihr euch auf den Fluss, den Strom des Lebens ein?

Dieser Strom wird durch Menschen oftmals gestört. Menschen wollen der Erde oft mit ihrem Willen und ihrem Verstand ihre Gesetze aufzwingen. Damit wird die Strömung unterbrochen und gebremst und zerfällt sie unter euren Händen. Alles, was auf der Erde lebt, leidet hierunter, alles, was lebt, will mit der Strömung mitgehen, denn in dieser Strömung geht es euch gut, fühlt ihr euch aufgehoben und geborgen zugleich. Die Strömung des Lebens ist das, was alles zusammenhält. Ich bin diese Strömung und möchte euch mitfließen lassen. Die Menschheit wird immer wieder neu eingeladen, an dieser Strömung teilzunehmen.

Überall dort, wo der Mensch es zulässt, dass seine Seele sich mit der Erde verbindet, und zuhört, was die Strömung der Erde zu sagen hat, wird er zu einem glücklichen Menschen. Ein Mensch der in Einstimmung mit etwas Größerem lebt. Ihr, die ihr hier seid, die ihr mich hört, wollt so gern wieder mit dem Leben auf der Erde mitströmen.

Das bedeutet daher, dass ihr euch nun von einer Menschengesellschaft löst, die noch so sehr in Regeln und Strukturen denkt, so wenig flexibel ist, wenn es darum geht, auf ihre Gefühle zu hören und von dort aus zu handeln. Euch von den erdrückenden Strukturen, die euch in eurer Erziehung, aus der Tradition, aus einer überstrukturierte Denkweise mitgegeben werden, zu lösen, ruft in jedem von euch Angst hervor. Wie wenn ihr verloren seid ohne diese Strukturen, ohne das Denken. Das Denken ist für euch heilig geworden.

Aber wenn ihr auf die Strömung, die Strömung in mir eingestimmt seid, dann denkt ihr nicht, dann seid ihr einfach. Und was für eine Befreiung ist es für euch, einmal nicht denken zu müssen, denn es bedeutet für einen Moment nicht zu kontrollieren, nicht zu lenken, nicht festzuhalten. Einfach zu sein. Dies ruft in vielen Angst wach, aber ich möchte euch bitten, es zu versuchen. Ihr kennt bereits das Gefühl, im Fluss zu sein. Er wird manchmal auch Synchronizität genannt: Dass die Dinge zur richtigen Zeit auf unsrem Lebensweg erscheinen, dass ihr eigentlich nichts tun müsst, weil es schon von allein geschieht. Das ist die Strömung in Aktion. Die Strömung weiß, es ist ein Wissen in der Strömung, doch es ist kein mentales Wissen. Es ist eher ein vertrauendes Wissen.

Ihr könnt daher mit eurem Verstand nicht wissen, was auf euch zukommt, wenn ihr auf euer Gefühl vertraut. Es bleibt unsichtbar für euch. Ihr könnt nur dem Gefühl vertrauen, dass es gut ist, dem Gefühl, dass es in eurem Leben fließt. Die wahre Spiritualität kommt von innen. Eine geerdete Spiritualität, eine Einstimmung der Seele auf das Licht und das innere Wissen der Erde selbst.

Ihr seid hier, um euer Licht auf der Erde zu verankern, um aus dem Licht heraus in einer beseelten Form, eurem Körper zu leben. Euer Körper ist der Tempel eurer Seele und er enthält so viele Informationen! Der Körper ist nicht einfach nur physisches Fleisch und Blut, er ist auch eure Emotionen, eure emotionale Energie, euer emotionaler Haushalt, die sich im Körper befinden und die sehr entscheidend dafür sind, wie ihr euch fühlt und wie euer Körper reagiert. Selbst wie euer Körper auf

Stoffe außerhalb von euch reagiert, zum Beispiel auf die Luft, die ihr atmet, und auf das, was ihr esst und das, was ihr mit euren Sinnen wahrnehmt, wird in hohem Maße von eurem emotionalen Haushalt bestimmt. Wenn ihr emotional im Gleichgewicht seid, könnt ihr zum Beispiel viel besser mit giftigen Stoffen umgehen, die aus eurer Umgebung von euch eingeatmet, gegessen oder getrunken werden, als wenn ihr emotional im Ungleichgewicht seid. Euer Körper wird sehr kraftvoll, wenn ihr ihn mit eurer Liebe und Aufmerksamkeit nährt.

Ich grüße euch alle. Ich heiße euch auf der Erde willkommen. Ich umgebe euch mit meinem Licht. Fühlt den Fluss, die Strömung des Lebens, die Strömung Fluss eures Lebens. Euer klopfendes Herz, hier und jetzt anwesend. Ich liebe euch. Vertraut mir. Ich nehme euch mit auf eine Reise, die nicht mit dem Verstand zu erfassen ist, die euch jedoch tiefste Erfüllung schenken wird, nach der ihr als Seele sucht — in der Materie zu tanzen, in Freiheit und Hingabe und euch hier auf der Erde zu Hause zu fühlen und dieses Gefühl mit anderen zu teilen! Das ist die neue Erde, zu der ihr auf dem Weg seid, wo meine Bestimmung liegt, und ich heiße euch alle willkommen auf der neuen Erde.

Noch eine Botschaft von Mutter Erde möchte ich euch präsentieren, da sie so gut zu diesem Kapitel passt.

»Euer Geld mit etwas verdienen, das ihr liebt«

Liebe Menschen, ich bin die Stimme der Erde. Ich bitte euch, den Kontakt mit mir zu spüren. Fühlt, wie mein Herz unter euren Füßen schlägt, tief im Inneren des Planeten. Doch nicht nur dort auch in euch, in eurem Körper, unter eurer Haut bin ich anwesend. Fühlt meine Anwesenheit und fühlt, in welch beständiger Verbindung ihr in eurem täglichen Leben mit mir steht.

Ich bin die Seele, in der ihr lebt und wohnt. Die Erde, der physische Planet, ist eine Verkörperung von mir. Erkennt mich als ein Energiefeld — nicht als ein physisches Ding, sondern als ein Feld von Energien und Farben — und nehmt Kontakt mit meinem Herzen auf: dem klopfenden Herzen von Gaia. Spürt das Tierreich, das Pflanzenreich, die Elemente

Wasser, Luft, Feuer, Erde. Fühlt, wie ihr Teil von alldem seid und fragt euch dann: »Was ist mein Beitrag zum Ganzen?«, »Was tue ich hier auf der Erde?«

Denkt nicht darüber nach, nähert euch dem nicht vom Intellekt aus, sondern fühlt aus eurem Herzen, was ihr geben wollt, was ihr hier bei-tragen wollt. Nicht als eine Pflicht oder aufgrund irgendeiner Art von Ordnung von außen, sondern ganz und gar aus euch selbst heraus. Was teilt ihr gerne mit anderen? Was inspiriert euch, euch aus euch selbst heraus auszudrücken? Schaut euch dann euer Herz an und welche Strömung dort ganz natürlich in die Welt um euch herum fließen möchte. Es gibt ein Licht das aus eurem Herzen heraus in die Welt strömen will. Fühlt dieses Licht einmal. Seht, was es mit anderen tut, wenn ihr bei ihnen aus euren Herzen heraus anwesend seid. Und fühlt auch, wie euch dies erfüllt. Dass ihr, wenn ihr mit anderen in der Strömung eures Herzens anwesend seid – ohne an das Resultat zu denken, oder an die Verantwortung, die ihr tragt oder an die Pflichten, die ihr habt, sondern indem ihr dies völlig frei aus euch selbst heraus tut, weil es euch in-spiriert und Freude macht, ihr euch selbst dann wirklich nahe seid und eure Seelenmission erfüllt.

Das Erfüllen eures Seelenauftrages geht immer mit einem tiefen Ge-fühl der Freude einher, auch wenn ihr Ängste überwinden müsst, um aus eurem Herzen heraus völlig offen und sogar verletzlich präsent sein zu können. Der dem zugrunde liegende Ton ist immer ein Ton der Freude, wenn ihr dies tut. Wenn ihr dieser Welt aus eurem Herzen, eurer Inspiration, eurer Freude heraus etwas gebt, dann möchte und wird auch aus dieser Welt etwas zu euch zurückkommen. Es ist eine natürliche Wechselwirkung.

So wie alles auf der Erde eng miteinander verbunden ist, die Pflan-zen, die Tiere, die ganze Natur – alles hat Einfluss aufeinander – seid auch ihr Teil eines Netzwerkes von Energien, ein Netzwerk aus anderen Seelen und auch nicht – menschlichem Leben. Ihr seid Teil davon, ihr steht nicht isoliert für euch selbst.

In dem Moment, in dem ihr euer Licht, eure einzigartige Seelenquali-tät verbreitet, wird in diesem Netzwerk von Energien, in das ihr hier auf der Erde aufgenommen seid, etwas aktiviert. Aus diesem Netzwerk möchte Energie auf vielfältige Weise zu euch fließen, um euch Freude zu bereiten, euch in dem zu unterstützen, was ihr tut, und euch zu ermöglichen, dabei Überfülle zu erfahren. Überfülle in dem Sinn, dass ihr bekommt, was ihr braucht, dass ihr bekommt, was euch wichtig ist, was ihr liebt. Dass ihr dies in Empfang nehmt und genießt. Genau wie die hinausgehende Strömung, die Strömung des Gebens, wird auch die hereinkommende Strömung, die Strömung des Empfangens, mit Leichtigkeit und Freude einhergehen, wenn ihr wirklich aus eurer Seele heraus anwesend seid – sowohl im Empfangen als auch im Geben.

Ihr lasst dann die Angst von Mangel und die Vorstellung los, dass ihr kämpfen müsst, um genug zu bekommen, um euer Geld zu verdienen, um sicher zu sein. Es erfordert einiges, um die damit verbundenen menschlichen Ängste loszulassen. Daher bitte ich euch – nachdem ihr soeben Kontakt mit dem Fluss in eurem Herzen aufgenommen habt, von dem aus ihr eure einzigartigen Seelenqualitäten mit dieser Welt teilt- nun Kontakt mit der empfangenden Strömung aufzunehmen, der Strömung aus der Welt, aus diesem Netzwerk von Energien, von denen ihr ein natürlicher Teil seid. Verbindet euch mit dem, was von dort zu euch fließen will, und öffnet euer Herz für das, was zu euch kommen will. Empfangt mit einem frohen, heiteren Herzen. Fühlt, dass die empfangende Strömung die gebende unterstützt.

Dies ist der Schlüssel: Sie sind miteinander verbunden. Ihr könnt nicht geben, ohne zu empfangen. Und ihr könnt auch nicht empfangen, ohne zu geben. Öffnet jetzt euer Herz für diese empfangende Strömung. Schaut einmal, was da zu euch kommen möchte. Und es kann auf verschiedenen Ebenen stattfinden. Es könnte auf materieller Ebene sein, es könnte mit Geld, eurer Arbeit oder euren Wohnbedingungen zusammenhängen. Aber legt euch dabei nicht zu sehr auf Details fest. Nehmt diese empfangende Strömung in euch auf und fühlt, dass diese Strömung für euch bestimmt ist, dass ihr hier auf der Erde genießen wollt und könnt und dass euch dies von ganzem Herzen gegönnt ist.

Fühlt euch geerdet, in der empfangenden Strömung wird eure Erdung vollständig. Ihr gebt der Erde aus eurer Seele heraus etwas und von der Erde kommt eine inspirierende, beseelte, empfangende Strömung zu euch zurück. Empfangt auch sie und öffnet euren ganzen Körper dafür. Fühlt, wie ihr in dieser Strömung auch euch selbst loslasst. Lehnt euch zurück, als würdet ihr mitgenommen in einem Fluss von klarem, sprudelndem Wasser, das heilsam ist und euch Vitalität und Lebenssinn verleiht.

So schwierig es mitunter auch sein mag – auch in diesen Zeiten wirtschaftlicher Probleme – ist immer Fülle möglich, auf unterschiedliche Weise. Es ist gerade in dieser Zeit wichtig, auf das innere Gelichgewicht zwischen Geben und Empfangen zu achten und zu spüren, dass eure Seele aktiv daran mitwirkt. Dass ihr traditionelle Vorstellungen über das Geldverdienen und darüber, was ihr tun müsst, um zu überleben, etwas mehr loslasst und echtes Vertrauen zu der inneren Dynamik des Gebens aus eurer Seele und auch des Empfangens aus eurer Seele heraus gewinnt.

Teilt euch selbst mit und fühlt auch von innen heraus, wie schon die Seelenqualitäten in euch sind und was für ein großartiges Gefühl es wäre wenn ihr sie frei ausdrücken könntet. Stellt euch lebendig vor, wie das wäre und ermutigt euch selbst. Ihr seid hier auf der Erde, hier und jetzt und gerade auch in dieser Zeit der Transformation um euer authentisches Licht leuchten zu lassen. Ihr seid nicht hier, um bei dem mitzumachen, was sein sollte und müsste. Vertraut daher drauf, dass diese Strömung von innen sich zeigen, darbieten möchte und dass ihr dadurch eine empfangende Strömung anziehen werdet, die für euch geeignet ist und zu euch passt und euch genau das gibt, was ihr für ein behagliches und geerdetes Leben braucht.

Fühlt euch aufgenommen in meinem Feld, dem Feld der Erde, und fühlt, wie die liebevollen Energien darin letztlich alles lenken. Energien des Machthabens und Energien der Angst haben nur eine begrenzte Macht und die Energien der Liebe sind unendlich viel stärker als sie, weil sie im Leben selbst, in der Wahrheit, in der Ewigkeit gründen.

Vertraut dieser Strömung, der gebenden und der empfangenden, und gebt euch ihr hin.

Ich danke euch allen für eure Anwesenheit. Indem wir alle uns mit diesen Energien des Herzens verbinden, wird das gesamte Netzwerk auf der Erde, das Netzwerk, das auf Liebe basiert, verstärkt, aktiviert, so könnte man sagen. Euer Bewusstsein hat eine enorm schöpferische

Kraft. Je mehr ihr an die Liebe glaubt und diesen Glauben mit Gleichgesinnten teilt, desto weniger hat die Angst euch im Griff und desto mehr verliert sie ihre überzeugende Kraft.

Glaubt an die Liebe und die Fülle, die sie euch bringt.

Rolfs Kommentar zu diesem Kapitel

Ja, meine lieben Freunde, wir haben uns eine wirklich herausfordernde Zeit ausgesucht, es ist ziemlich chaotisch, aber auch total spannend, was gerade auf der Erde geschieht.

Wenn ihr es schafft, vollkommen in dieser Strömung der Liebe und des Vertrauens aufzugehen, berühren euch die weltlichen Dinge kaum noch. Dann fangen wir an, unsere kollektive Seelenaufgabe zu meistern, als Hüter und Kanal für Mutter Erde. Wir alle sind dabei, das »Goldene Zeitalter« mit zu erschaffen, es ist keine Frage mehr ob, sondern nur noch wann es beginnt, sich auf Erden zu manifestieren.

Zurzeit gibt es so viele positive, wunderbare Ereignisse und Geschehen auf der Erde, die leider von unseren Angst- und Gewaltmedien missachtet werden. Aber sie sind da und es werden immer mehr, immer größere und immer schönere. Lasst uns gemeinsam diesen wunderbaren Trend verstärken und das Paradies, Gottes Reich auf Erden erschaffen.

Ich bin dabei und vertraue auf euch. Mutter Erde und alle Wesen aus der göttlichen geistigen Welt lieben euch unendlich!

Rolfs Affirmation: ICH BIN eins mit Mutter Erde.

Der rote Faden dieses Buches und unserer wichtigstes Ziel ist, glücklich zu leben und zu sein. Da alles mit allem verbunden ist, können wir nur glücklich werden, wenn es unserer lieben Mutter Erde gut geht. Daran zu arbeiten und das zu erreichen, ist unsere persönliche und kollektive Lebensaufgabe. Wenn wir aktiv daran mitwirken und es schaffen, dass es Mutter Erde besser geht, werden wir glücklich.

Wenn wir als menschliche Wesen auf der Erde inkarnieren, empfangen uns 3 Mütter! Unsere leibliche Mutter, Mutter Erde und Mutter Sonne. Alle drei schenken uns ihre Liebe, ihre Wärme, ihre Energie, ihre Heilung, ihre Weisheit, ihre Fülle und ihre Geborgenheit.

Viele von euch, meine lieben Leser*innen, haben sicherlich die Sonne noch nie als Mutter betrachtet. Wenn Menschen lange Zeit zusammen leben, oder auch Tiere und Menschen, gibt es oft ein ganz besonderes Phänomen: Sie werden sich immer ähnlicher! Das habt ihr bestimmt schon beobachtet, Frau und Mann gehen spazieren, im Gleichschritt, beide entweder geneigt oder aufrecht und die Körperform ist oft ähnlich. Mit der Zeit gleichen sie sich an! Auch bei Hunden und Menschen ist es oft sehr lustig, sie einfach nur zu beobachten. Entweder sind beide schlank und sportlich und rasen durch die Gegend oder beide schlürfen gemächlich, beide auch leicht übergewichtig und freuen sich schon auf die nächste Mahlzeit.

Auf was ich hinaus will ist euch zu verdeutlichen, wenn Lebewesen viel Zeit miteinander verbringen, werden sie sich immer ähnlicher. Und dieses Phänomen des Lebens können wir mit unserer lieben Mutter Sonne ausnutzen. Das heißt, wenn wir viel Zeit mit ihr verbringen, werden wir Mutter Sonne immer ähnlicher. Dann strahlen wir ihr Licht, ihre Wärme, ihre Liebe, ihre Energie, ihr Bewusstsein, ihre Weisheit und ihre Heilung aus.

Damit sind wir beim nächsten Kapitel.

Mutter Sonne

Liebe Leser*innen, ich Rolf bin als Sonnenkind auf die Erde gekommen. Schon im zarten Alter von ca. 10 Jahren gab es für mich nichts Schöneres, als in der Sonne zu sein. Die großen Sommerferien, die es damals noch gab, verbrachte ich mit meinen Freunden im Freibad von Albstadt-Ebingen. Wir spielten Fußball, waren im Wasser und wir lagen den ganzen Tag in der Sonne, zeitlos. Diese Zuneigung zur Sonne besteht mein ganzes Leben und wird jetzt, im gesetzten Alter, sogar noch intensiver.

Heute, am 4. April 2021, um 18:40 Uhr, durfte ich eine fantastische Sonnenuntergangs-Meditation erleben, hier in den Bergen des Kleinwalsertales. In dieses Kapitel wird sehr viel von mir einfließen und natürlich von Mutter Sonne. Unsere Gesellschaft und unser Massenbewusstsein sind so denaturiert, dass viele Mutter Sonne als gefährlich oder gar feindlich betrachten.

Ich empfehle euch, Mutter Sonne wieder natürlich ins Leben zu integrieren. Mutter Sonne ermöglicht uns, genau wie Mutter Erde, zu leben und sie schenkt uns Nahrung, Licht, Liebe, Wärme, Bewusstsein, Information und Transformation. Die Transformation, die gerade stattfindet, ist nicht auf Mutter Erde beschränkt, nein das gesamte Sonnensystem befindet sich in einer Transformation. Diese hat aber überhaupt nichts damit zu tun was Frau Merkel (zurzeit Bundeskanzlerin) als Transformation bezeichnet. Diese universelle Transformation, von der ich spreche betrifft unser gesamtes Sonnensystem. Es findet eine universelle Energieerhöhung statt, die sich auch dadurch zeigt, dass auf allen Planeten die Temperaturen ansteigen, nicht nur auf der Erde, das können unsere Wissenschaftler zwar messen, aber nicht einordnen. Die Temperaturerhöhung auf der Erde hat auch zum Teil damit zu tun. Natürlich ist auch die Menschheit daran beteiligt mit ihrem immensen CO_2-Ausstoß und der fatalen 5-G-Technologie, die wie eine weltweite Mikrowelle wirkt. Denn sie wissen nicht, was sie tun!

Auf unserer Mutter Sonne leben hoch entwickelte Wesen aus anderen Dimensionen. Dazu kommen später auch noch Informationen von Meister Peter Deunov und OmraamMikahealAivanhov. Unsere Mutter Sonne hat diese Transformation zuerst begonnen und nimmt das gesamte Sonnensystem mit, also alle Planeten und alle Wesen, auch uns Menschen, wenn wir das wollen. Auf Mutter Erde ist die Transformation daran zu erkennen, dass die Grundfrequenz, die so genannte Schumann-Frequenz, stark ansteigt. Dieser starke Anstieg zeigt sich in den kurzfristigen Ausschlägen, den sogenannten Amplituden, die bis 20 mal so hoch wie normal sind. Das wird uns natürlich von den gesteuerten Massen-Medien nicht berichtet, zumGlück gibt es einige Wissenschaftler, die diese Frequenz über das Internet veröffentlichen. Diese Frequenz schwankt sehr stark, besonders in den letzten Jahren und hat sich in der Spitze teilweise mehr als verzwanzigfacht, aber immer nur für relativ kurze Zeit, auf Dauer würden wir das kaum aushalten. Ihr könnt euch auf die hohen Frequenzen die uns erwarten, am besten vorbereiten, indem ihr eure persönliche Schwingung erhöht. Mit lichtvoller Nahrung, Meditationen, Gebeten, guten Gedanken, Worten, Taten und Aufenthalten in Regionen mit einer hohen Energie z. B.: im Gebirge, an Energieplätzen oder auch in Wassernähe und mit Mutter Sonne! Durch ihre starken Sonnenenergien, die auch in unsere Körper einstrahlen, hilft uns Mutter Sonne enorm, unsere persönliche Frequenz zu erhöhen.

Was sollen und können wir tun? Zuerst einmal die Einstellung zu Mutter Sonne ändern,sowie die Natur es vorgesehen hat. Freut euch über jeden Sonnenstrahl, der euch erreicht. Gewöhnt eure Haut wieder natürlich an die Sonne, setzt euch, wann immer möglich, täglich für ca. 20 Minuten direkt der Sonne aus, ohne Sonnencreme und nicht in der Mittagshitze, da ist der UV-Anteil am höchsten.

Das Verwenden von Sonnenschutzmitteln, vor allem Cremes, verhindert die natürliche Vitamin D Bildung des Körpers und bringt giftige Chemikalien in unsere Körper, wo sie absolut nicht hingehören. Vermeidet Sonnenbrände! Sorgt dafür, dass euer Körper-Milieu nicht zu sauer ist, 90 % der Bundesbürger sind zu sauer! Das geht am besten über eine basenbetonte Ernährung also Obst, Salat, Gemüse, Nüsse, Früchte, Kartoffeln usw.

Es gibt mindestens zwei weltweite Bewegungen, die extrem mit der Sonnenenergie arbeiten. Die eine kennt ihr möglicherweise, sie wurde von der Australierin Jashmuheen ins Leben gerufen und nennt sich Lichtnahrung. Dabei findet ein 21 Tage Prozess statt, der den Körper auf Sonnenlichtnahrung umstellen soll. Dazu rate ich euch nicht, denn einige Menschen, deren Körper zu wenig vorbereitet waren, sind daran gestorben. Um diesen Umstellungsprozess erfolgreich absolvieren zu können, muss der Körper Jahre oder Jahrzehnte darauf vorbereitet werden. Wie vorher schon beschrieben durch Nahrungs- und Lebensumstellung, sowie den Körper in ständigen Kontakt bringen mit hohen Energien.

Es gibt eine zweite mildere Variante die uns ein indischer Arzt in seinem Buch »Sungazing« beschreibt, Details dazu findet ihr im Literaturverzeichnis am Ende dieses Buches. Auch die beiden bulgarischen Weisheitslehrer raten uns zu intensiven Sonnenkontakten, auch ihre Bücher sind im Literaturverzeichnis aufgeführt. Die milde Variante ist das sogenannte »Sungazing«, welches ich (Rolf) seit Jahren praktiziere und mich sehr wohl dabei fühle. Aber auch diese Methode ist nur für langjährige Vegetarier/Veganer geeignet, die auch schon Erfahrung mit höheren Energien haben, wie in den Kapiteln vorher beschrieben.

Bitte dringend beachten – keine Experimente! Wer diese Methode ausprobieren möchte, soll sich das Buch »Sungazin« besorgen und alle Vorsichtsmaßnahmen beachten! Ich beschreibe euch kurz die praktische Anwendung: Ihr müsst euch die Daten besorgen, wann die Sonne in eurer Region auf– oder untergeht. Ich würde mit den Sonnenuntergängen beginnen und eventuell einige Jahre später die Sonnenaufgänge dazu nehmen, so habe ich es gemacht. Also, wenn ihr die genaue Zeit des Sonnenuntergangs wisst, dürft ihr nur in der letzten Stunde vor Sonnenuntergang mit offenen Augen für 10 Sekunden in die Sonne schauen. Ihr braucht dazu einen Platz in der Natur, wo ihr barfuß Kontakt zur Erde habt, direkt zur Erde, keine Wiese oder Steine. Der Himmel sollte klar sein, so dass ihr die Sonne gut sehen könnt. Die letzte Stunde vor Sonnenuntergang bzw. die erste Stunde nach Sonnenaufgang sind für die Augen laut des indischen Arztes nicht gefährlich, da keine oder sehr geringe UV-Strahlung darin enthalten ist.

Diese Methode solltet ihr allerdings nicht ausprobieren, wenn ihr Angst habt oder euch unwohl dabei fühlt. Ich praktiziere dies seit ca. 8 Jahren und sehe noch wie ein Adler, bin allerdings im vollsten Vertrauen. Dann steigert ihr den Zeitraum des Betrachtens von Mutter Sonne um täglich 10 Sekunden. Diese Praxis funktioniert selbstverständlich nur, wenn wir uns liebevoll mit Mutter Sonne verbinden und uns schon am Vortag auf die jeweilige Sonnen-Meditation bewusst vorbereiten.

Solltet ihr in tieferen Regionen leben als ich (1.200 Meter) so habt ihr öfter die Gelegenheit auf schöne Sonnenkontakte. Ich habe dazu jedes Mal ein Stück bergauf zu laufen, sonst komme ich nicht in die letzte bzw. erste Stunde, dies ist auch ein wunderbares Fitnesstraining. Ihr solltet auch mit eurem Körper kommunizieren, dass die Nerven das Sonnen-licht als Lebensnahrung erkennen. Da diese Methode vorwiegend von März bis Oktober angewandt wird, sonst sind die Temperaturen für barfuß auf der Erde stehend sehr niedrig und der Himmel ist oft verhan-gen, zumindest in den Bergen, braucht ihr lange Zeit bis ihr 44 Minuten erreicht habt. 44 Minuten ist die Zeit gemäß des indischen Arztes, bei der sich der Körper auf Sonnenenergie umstellen kann. Dies ist nicht mein primäres persönliches Ziel, ich spüre aber sehr wohl, dass ich nach so einer Meditation weniger Hunger habe und einwunderbares Gefühl höherer Energie mein ganzes Wesen erfüllt.

Also nochmals im Klartext, ihr fangt mit 10 Sekunden am ersten Tag an, am zweiten Tag 20 Sekunden, am dritten Tag 30 Sekunden und immer so weiter steigern, bis ihr bei 44 Minuten seid. Dies ist eine wunderbare Energiezufuhr für unseren Körper, die ein lebenslanges Ritual werden kann, was wir nie mehr vermissen möchten! Wir fungieren dabei als Brücke zwischen Mutter Erde und Mutter Sonne, diese enge Brückenverbindung erzeugt ein tiefes Wohlgefühl in uns und erhöht unsere persönliche Energie und Frequenz. Wir Menschen befinden uns ständig in der wunderbaren, starken Aura von Mutter Sonne! Wenn ihr Fragen dazu habt, könnt ihr mich auch gerne anrufen!

Jetzt gönnen wir uns noch viele schöne Botschaften und Informationen zu Mutter Sonne, vorwiegend von den beiden bulgarischen Weisheitslehrern. Eines müsst ihr wissen: Es gibt keine neuen, aber auch keine alten Dinge auf der Welt. Die Sonne, die auf– und untergeht, ist weder alt noch neu: sie existiert seit der Erschaffung der Welt. Ist die Sonne dann neu? Gleichzeit sagen wir aber, dass ein neuer Tag anbricht, wenn die Sonne, mit neuem Licht und neuer Wärme wieder aufgeht. Also ist die Sonne für manche Menschen neu, für die anderen aber alt. Jedes neugeborene Kind ist ein neuer Mensch. Wie viele Male wurde aber dieses Kind bereits geboren und ist gestorben?! Wie viele Male war es ein gelehrter und berühmter Mensch?

Die Sonne und die Erde können wir nicht mit unserem Verstand erfassen, aber das bedeutet nicht, dass sie nicht real sind. Um sie zu erfassen und zu verstehen, befindet sie sich weit von uns entfernt, damit wir sie ganz klein sehen. In dieser Gestalt wird sie für uns sichtbar und begreifbar. Außer einem Feuerkörper ist die Sonne die Summe von leuchtenden Geistwesen. Wovor fürchtet sich der Mensch? Vor der Finsternis. Es gibt eine dunkle Zone um die Erde herum in der alle negativen Gedanken, Gefühle und Taten der Menschen schweben. Wenn ihr euch angewöhnt, jeden Tag die Sonne zu betrachten und dabei ihre Großzügigkeit, ihre Kraft und alles Leben, dass ihr entströmt bewundert, spürt ihr, dass nach und nach Veränderungen in euch eintreten, so als würdet ihr etwas von ihrem Licht, ihrer Wärme und Ihrem Leben empfangen.

Die Sonne versinnbildlicht Vollkommenheit und wenn ihr sie als Vorbild nehmt, wenn ihr, genau wie sie, nur daran denkt, lichtvoll, erwärmend und liebend zu sein, dann werdet ihr euch wirklich verwandeln. Wenn wir im Kreis der Sonne sind, so sind wir im Kreis der Liebe. Folglich, solange die Sonne uns umgibt und ihr seid in ihr, fürchtet euch vor nichts.

Die Arbeit der Sonne: ständig leuchten, wärmen, lieben ihre Strahlen. Wir sollen dieselbe Arbeit verrichten wie die Sonne. Schaut euch die Sonne an, sie erwartet keine Gegenliebe, sie liebt die ganze Welt, und deshalb ist sie so strahlend. Sie ist frei, sie erwartet nichts. Vollkommenheit bedeutet, lichtvoll, warmherzig und belebend wie die Sonne zu werden. Geht zur Sonne, betrachtet sie und öffnet euch, damit sie in euch die spirituelle Sonne mit ihrer Wärme und ihrem Licht erweckt.

Die dazu passende Affirmation von Erzengel Raffael: »Das Licht meiner inneren Sonne strahlt in meine Organe und alle Zellen meines Körpers!«

Rolfs Kommentar zum Sonnen-Kapitel:

Unsere Mutter Sonne ist ein elementarer Bestandteil eines glücklichen Lebens. Wir alle kennen das Gefühl, wenn sich die Sonne mal einige Tage nicht gezeigt hat und dann ihre ersten Strahlen durch die Wolkendecken kommen. Das erzeugt ein großes Glücksgefühl in uns. Ihr kennt auch die Redewendung: »dieser Mensch hat ein sonniges Gemüt.« In Bulgarien sagt man zu einem geliebten Menschen: »du bist meine Sonne!«

Wenn ihr Mutter Sonne liebt und viel Zeit mit ihr verbringt, **wird sie irgendwann in euch einziehen** und die Strahlen der Sonne erscheinen dann vor eurem geistigen Auge, wenn ihr die physischen Augen schließt. Dann geschieht das, was Erzengel Raffael mit seiner Affirmation meint: »Das Licht meiner inneren Sonne strahlt in meinen Organe und in alle Zellen meines Körpers!« Ich wünsche euch allen, dass ihr so werdet wie die Sonne und euer Leben lang glücklich strahlt! Die Sonne sagt: ich bin immer da, strahlend und unveränderlich, orientiert euch an mir, so werdet ihr sein wie ich. Ich bin es, die euch mit der Quintessenz der Hoffnung erfüllt, ich bin eure Zukunft.

Die Erde und die Menschen haben denselben Ursprung, sie teilen dasselbe Schicksal. Jeder Mensch stellt für sich eine kleine Erde dar, und alle müssen eines Tage wie die Sonne werden. Um auf die Menschen einen wohltätigen Einfluss auszuüben, müsst ihr euch jeden Tag mit der Sonne verbinden, um von ihr neue Teilchen zu bekommen, die ihr dann an eure Umgebung weitergebt. Die Sonne kann euch all das geben, was ihr benötigt, um anderen zu helfen und sie zu lieben. Wenn wir morgens die Sonne betrachten, stellen wir uns vor, dass die bis zu uns durchdringenden Strahlen lebendige Wesen sind, die uns helfen, den Tag harmonisch und liebevoll zu gestalten. Wenn die Sonne aufgeht, geht die Hoffnung umher und dann muss man sie einfangen. Alle Menschen lieben die Sonne, da sie etwas von ihr erhalten.

Für mich (Rolf) ist die gesamte Darstellung von Mutter Sonne in den Medien dringend überholungsbedürftig, weg von dem gefährlichen Himmelsobjekt, hin zu unserer nährenden, liebenden Mutter Sonne, mit der wir intensiv feinstofflich verbunden sind. Dies ist besonders wichtig für die jüngere Generation, denn sie wird die neue Sonnenkultur gebären. Meditationen und Rituale mit unserer Mutter Sonne sollten zum alltäglichen, selbstverständlichen Werkzeug für uns werden, so dass wir alle ihre Liebe, ihr Licht, ihre Wärme, ihre Heilung und Verbundenheit verinnerlichen und in die Welt und Gesellschaft ausstrahlen.

Zudem sollte die Sonnenenergie zum Hauptlieferanten für alle Energiebedürfnisse für uns Menschen werden. Wir sollten uns auch bewusst machen, dass wir uns ständig in ihrer riesigen Aura befinden und so ihre feinen, feinstofflichen Energien (Biophotonen) durch unsere Haut in unseren Körpern anreichern, was uns zu stark erhöhter Lebensenergie führt. Mutter Sonne unterstützt und fördert jegliches Wachstum von allen Pflanzen, Tieren und Menschen auf unserer lieben Mutter Erde. **Lasst sie in euch einziehen und gründet die neue Sonnenkultur!**

Ich durfte in Indien eine wunderbare Geschichte erleben, die direkt mit Mutter Sonne zu tun hatte. Es müsste im Jahr 2005 gewesen sein, als ich eine überraschende und sehr kurzfristige Einladung zur Hochzeit eines jungen, indischen Freundes erhielt, den ich zuvor in Deutschland unter Bedingungen kennenlernte, bei denen das Universum und die göttlich geistige Welt die Drahtzieher waren. Diese ganze Geschichte und auch

mein mehrwöchiger Aufenthalt in Indien würde ein dickes Buch ergeben, wenn ich alle mysteriösen Geschehnisse erzählen würde.

Da ich zu dieser Zeit sehr rechnen musste was meinen damaligen Le-
bensunterhalt betraf, konnte ich mir diese teure Reise kaum leisten.
Durch einen »von oben« gesteuerten Zufall erhielt ich völlig überra-
schend genau den Betrag für die Reise. Und dann war da noch die Sache
mit dem Indien-Visum. Am letzten Tag vor dem geplanten Abflug bekam
ich als letzte Person in der Indischen-Botschaft das Visum, unmittelbar
nach mir wurde der Schalter geschlossen. In der kurzen Nacht vor dem
Flug hatte ich auch noch einen hellsichtigen Traum, ich sah ganz deutlich
eine sehr spezielle Situation an einer indischen Tankstelle- und genau
diese Situation erlebte ich zwei Tage später, als ich mit einem Taxi 600
Kilometer von Neu-Dehli in den Nordwesten Indiens fuhr.

Und dann gab es noch die Geschichte mit Jesus Christus. Seit dem Jahr
2001 verspüre ich eine magische Anziehung von Jesus Christus, die von
einem Christus-Bild ausging, das mein damaliger Nachbar Olaf in seiner
Wohnung hängen hatte. Er gab mir eine Kopie davon mit und ab dieser Zeit
kam Christus immer stärker in mein Leben. Ich lebte vom Jahr 2000 bis
2008 in einem wunderschönen, fast 300 Jahre alten Einödhof in Buchenberg zwischen Kempten und Isny, auf ca. 1000 Metern Höhe, ganz allein
auf fast 200 Quadratmeter Wohnfläche. Ich durfte mich in diesen Jahren
stark ausdehnen. Sowohl räumlich als auch energetisch. Einige Monate
vor meinem Abflug las ich in der Schweizer Zeitschrift einen hochinte-
ressanten Artikel über Jesus Christus. Er sei nicht am Kreuz gestorben,
hätte auch physisch überlebt und wäre über Frankreich nach Kaschmir
ausgewandert. Kaschmir ist die Region zwischen Indien und Pakistan, in
der 2005 große militärische Spannungen herrschten, die bis heute nicht
beigelegt sind. In diesem Zeitenschriftartikel war auch ein Foto des Grab-
mals, das die Einheimischen errichteten zu Ehren von Christus, der in
dieser Region lange Jahre gelehrt hatte und auch Wunder vollbrachte.

Ich sollte jetzt die Ereignisse, die in Indien geschahen, stark abkürzen,
sonst haben wir ein ganzes Buch in diesem, zusätzlich. Etwas ausführ-

licher wird meine Indien-Erfahrung in dem Buch »Die Reise des Lebens beschrieben«. Also, nach vielen ganz besonderen Ereignissen war ich einen Tag vor der Hochzeit um Mitternacht mit dem Taxi bei der Familie meines Freundes Ragbir angekommen. Dann fand eine dreitägige Hochzeitsfeier statt, mit hunderten von Gästen und vielen, teilweise auch lustigen Geschichten, die sich da ereigneten. Meine Gastgeber wollten mich sofort nach dieser Hochzeitsfeier zu einer weiteren bringen, weil ich mich bei ihnen höflicherweise bedankt hatte und mich von dieser Hochzeitsfeier begeistert zeigte. Ich lehnte aber dann dankend ab und machte mich alleine auf die bisher abenteuerlichste Reise meines Lebens.

Ich sprach kein Indisch (Hindi) und die 3 Sprachen, die ich beherrsche, sprach da oben fast niemand. Diese Reise fand statt Anfang Februar, wo es im Vorgebirge zum Himalaja noch extrem kalt war, zumindest nachts in zugigen, stinkenden und ungeheizten Bussen. Ich war natürlich sommerlich gekleidet! Nachts schlief ich wie die einheimischen Reisenden auf der Straße, wurde extrem oft von Polizei und Militär kontrolliert, teilweise mit entsicherten Maschinenpistolen im Anschlag (Kriegsgebiet) und hatte tagelang kaum was zu essen und wenig zu trinken. Nach 2 Tagen gefährlichster und beschwerlichster Reise, erreichte ich Srinagar, umringt von einer großen Gruppe Menschen, die mir alle etwas anbieten wollten. Ich wollte aber nur noch zu dem Christusgrabmal und hielt das Foto in die Menge. Ein Tuk-Tuk-Fahrer zog mich am Ärmel was ich als Zeichen deutete, dass er mich dahin bringt. Nach ungefähr 15 Minuten waren wir vor einem Gebäude angekommen, das dem Foto in der Zeitenschrift ähnlich sah. Ich war total übermüdet, hungrig und durstig aber irgendwie glücklich, dass ich mein Ziel unter diesen extrem schwierigen Umständen erreicht hatte.

Ich wollte gerne alleine mit Christus sprechen und hätte so viele Fragen an ihn gehabt. Nur, in diesem Gebäude, wo er beerdigt war, waren Menschen, die fast entrückt laut beteten oder sangen, ich hatte keine Chance, ruhig mit ihm zu kommunizieren. Dann versuchte ich es später nochmals, wieder die gleiche Situation. Ich blieb dann aber und versuchte, meine Fragen loszuwerden – keine Antwort. Total enttäuscht wollte ich mich auf den Rückweg machen und endlich mal wieder in einem Hotelzimmer übernachten. Dann spürte ich, dass meine Hände extrem heiß wurden und ich meinte, seine Antwort zu hören: »Ich freue mich sehr, dass du die beschwerliche Reise auf dich genommen hast und lasse Dich jetzt meine Energie spüren (heiße Hände), die Antworten auf Deine Fragen wirst du später erhalten!«.

So kam es dann auch einige Jahre und Bücher später. Die Rückfahrt zur Familie meines Freundes Ragbir war genauso anstrengend wie die Hinfahrt und ich war total kaputt, als ich bei Ihnen ankam. Ich hatte nur noch 1 Tag bis zu meinem Rückflug, war aber so erschöpft, dass ich kaum noch laufen konnte und mein Gepäck auf der langen Reise zum Flughafen sicherlich nicht hätte tragen können. Außerdem rebellierte mein Körper und meine Gastfamilie wollte mich schon in das Spital eines befreundeten Arztes bringen lassen. Es war unmöglich für mich, einen klaren Gedanken zu fassen, ich wusste nur, dass ich nicht ins Spital wollte. Meine Intuition hatte sich bis dahin schon gut entwickelt und plötzlich sagte meine innere Stimme: **»Leg dich in die Sonne!«**.

Meine Gastgeber hatten eine Landwirtschaft mit Wasserbüffeln, groß, schwarz und stark. Der einzig mögliche Platz in der Sonne befand sich in dieser Büffelherde. Sie stellten mir ein Bettgestell mit einer Stoffauflage mitten in die Büffelherde und ich legte mich den ganzen Tag in die nordindischen Sonnenstrahlen, die Außentemperatur dürfte so etwa 10 Grad gewesen sein. Die Büffel waren neugierig, hielten aber immer einen beruhigenden Abstand zu mir ein und ich lag den ganzen Tag in der Sonne. Diese Sonnenenergie hat mir so viel Kraft gegeben, dass ich am frühen nächsten Morgen die Reise zum Rückflug antreten konnte.

Auch die anstrengende Reise zurück meisterte ich, dann die Bahnfahrt von München nach Kempten und die Busfahrt nach Buchenberg. Von der Bushaltestelle im Ort hatte ich noch einen guten Kilometer zu laufen, mit dem schweren Koffer. 300 Meter von dem Einödhof verließen mich dann doch noch meine Kräfte, ich stellte meinen Koffer in den tiefen

Schnee, lief mit letzter Kraft zum Haus, holte einen Handwagen für den Koffer und schaffte dann gerade noch die kurze Strecke.

Irgendetwas hatte ich mir mitgebracht aus Indien, ich konnte wochenlang kaum laufen, trank Wasser und aß Zwieback und lag Tag und Nacht ziemlich hinüber auf dem Sofa oder im Bett. Zwei befreundete Ärzte rieten mir dringend, dass ich in die Tropenklinik nach München gehen sollte, was ich aufgrund meiner Einstellung aber nicht tat. Nach schätzungsweise 3 – 4 Wochen hatte ich mich soweit regeneriert, dass ich wieder mehr als 10 Meter laufen konnte.

Dann begann mein nachindisches Leben – ein neues Leben!

Jesus Christus

Liebe Freunde, liebe Leser*innen, dieses Kapitel wird ein sehr spannendes, faszinierendes aber auch sehr langes werden. Aus dem einfachen Grund, weil es darüber extrem viele Informationen gibt, die uns von den unterschiedlichsten Meistern, Weisheitslehrern, Medien (Kanälen), Vereinigungen, Religionen, geistigen Helfern, Engeln und Erzengeln und so weiter mitgeteilt wurden.

Dieses Kapitel soll euch viele Anregungen geben, die ihr in eurer individuelles Leben integrieren könnt, wie es auch das gesamte Buch soll.

Das Leben Christi wird von verschiedenen Seiten beleuchtet, unterschiedliche Interpretationen der Geschehnisse werden euch präsentiert, nehmt am besten diejenigen an, die mit euch resonieren, mit denen euer Herz, eure Seele und eure Intuition im Einklang sind.

Im Laufe meines (Rolf's) Lebens war es relativ oft so, dass ich Bücher intuitiv kaufte und beim Lesen lange nicht gespürt habe, warum ausgerechnet dieses Buch zu mir gekommen ist. Bis dann fast immer einige Stellen oder Informationen genau zu meiner jeweiligen Lebenssituation gepasst haben und mich wieder ein Stück weiter gebracht haben, auf meinem Weg. So soll dieses Christus-Kapitel auch für euch sein.

Holt euch diese Anregungen oder Informationen heraus, die genau jetzt zu eurem Leben passen. Ich kann euch auch nicht alle Texte präsentieren, die zu diesem Thema den Weg zu mir gefunden haben. Sonst würde so ein Buch im Buch entstehen. Ich möchte euch gerne in Kurzform schildern, wieso Christus ein fester Bestandteil meines Lebens geworden ist.

Es müsste das Jahr 2000 gewesen sein, fünf Jahre nach meinem Ausstieg, als ich im Haus meines Nachbarn Olaf ein Christus-Bild bemerkte, welches mich irgendwie magisch oder magnetisch anzog. Olaf gab mir eine Farbkopie mit, die ich schön einrahmte und an einem Platz im Haus aufhing, wo ich oft vorbeikam.

Ich fing an, regelmäßig mit oder zu ihm zu sprechen. Auf mysteriöse, wundersame Art kamen in den folgenden Jahren Texte, Botschaften, Bücher und Menschen in mein Leben, mit deren Hilfe meine Verbindung zu Christus immer enger wurde. Auch die Indienreise mit dem Besuch des Christus-Grabmals trug sehr viel dazu bei.

Danach lernte ich über Freunde ein weibliches Christus-Medium in unserer Region kennen, die mir faszinierende Botschaften für meinen Weg übermittelte. Mit Hinweisen und Botschaften, die nur von »Ihm« stammen konnten. Kurz darauf hatte ich einen weiblichen Gast bei der Energieplatz-Führung am Hotel Waldesruhe in Oberstdorf. Nach der Führung unterhielten wir uns lange über spirituelle Themen. Am nächsten Tag, als sie und ihr Gatte die Heimreise antreten wollten, gab sie mir zum Abschied ein wunderbares Christus-Bild. Die Kopie eines Gemäldes von Bette Myers, die ihm (Christus) bei einer Nahtod-Erfahrung im Himmel begegnete.

Hinweis: Das Gemälde kann im Internet unter »bette myers the masterpiece« betrachtet werden.

Genau zehn Jahre nach dieser Nahtod-Erfahrung malte Bette Myers dieses Bild in Trance! Die Ausstrahlung, die Liebe, die Energie und die Heilung, die von diesem Bild ausgehen, sind nicht von dieser Welt! Seither gebe ich an meine Gäste, die offen für die Christus Energie sind, diese gerahmte Kopie zum Selbstkostenpreis weiter. Eventuell findet ihr noch im Internet (unter Bette Myers – Christuskopie) Bilder und die Geschichte dazu, die 1974 und 1984 ihren Ursprung hatte.

Wieder einige Jahre später erfuhr ich durch Zufall, dass im Ch. Falk Verlag, der mein erstes Buch, das Schutzengel Buch, herausgegeben hatte, ein Christus Buch erschienen ist: »Jesus – Das Buch«. Sofort rief ich Frau Christa Falk an, die ich aus alten Zeiten noch gut kenne. Sie vertrieb dieses Buch nicht mehr, da die Autorin ihr Buch nur noch übers Internet verkaufen wollte. (Details dazu im Literaturverzeichnis). Zuerst sagte Frau Falk, sie hätte kein Buch mehr. Als sie aber spürte, wie wichtig mir dieses Buch war, suchte sie in ihrem Lager danach und fand tatsächlich das einzige Exemplar, das noch in ihrem Besitz war und schickte es mir umgehend. Als ich das Päckchen öffnete und das Buch erstmals in eigenen Händen hielt, überkam mich ein freudiger Schauer und eine riesige Vorfreude auf den Inhalt. Von der ersten Zeile an lief vor meinem geistigen Auge der Christus-Film ab und ich las einen Tag und eine Nacht, mein Herz und meine Seele jubilierten dabei.

Wenn euch Christus interessiert – und davon gehe ich aus – legt euch dringend dieses Buch zu! Dann macht euch euer eigenes Bild unabhängig von Religion und Institutionen. Ich bin nicht so vermessen anzunehmen, dass sich Christus persönlich um mich bemüht, aber bei den Recherchen zu diesem Buch habe ich erfahren und gelernt, **dass das Christus-Bewusstsein im gesamten Universum allgegenwärtig ist.**

Und wir, jeder Mensch, hat mit einem liebevollen Herzen Zugang zu diesem Christus-Bewusstsein und kann es in sein Herz aufnehmen und ausstrahlen!

Bevor ich euch die vielen Informationen und Botschaften dazu präsentiere, möchte ich euch gern eine Geschichte erzählen, die sich 2014 mit mir ereignet hat. Wir lebten das erste Jahr im Kleinwalsertal in einem wunderschönen alten Holzhaus, die gesamte Wohnung bestand aus Holz mit einigen Fenstern, Bad und Küche natürlich ausgenommen.

Wenige Monate vor diesem Umzug hatte ich einen kurzen körperlichen Aussetzer. Wie ihr wahrscheinlich spürt, bin ich kein Freund der Schulmedizin. Trotzdem sind 2 – 3 Ärzte gute Freunde von mir, denen ich von diesem »Aussetzer« erzählte und sie rieten mir dringend, dass ich blutverdünnende Tabletten nehmen sollte. Was ich dann auch tat. Eines Nachts wachte ich gegen 1 Uhr auf, weil ich starkes Nasenbluten hatte. Jana, meine liebe Partnerin, hat das auch mitbekommen und wir versuchten es mit allen uns bekannten Hausmitteln, das Nasenbluten war aber nicht zu stillen. Nichts half, kein Eis in den Nacken, kein Zuhalten der Nase, keine kalten Wickel. Wenn ich saß, lief das Blut aus der Nase und wenn ich lag, lief es mir in den Hals.

So ging es etwa 3-4 Stunden und durch den starken Blutverlust wurde mir schon ganz schwummrig, ich war kurz vor der Bewusstlosigkeit. Jana konnte das nicht mehr mit ansehen und sagte sie holt jetzt den Notarzt. So halb weggetreten bat ich sie, bevor sie den Notarzt ruft, mir das Christus-Bild von Bette Myers zu holen, was sie dann auch tat. Ich legte dieses Bild auf mein Herz und bat Christus aus ganzen Herzen um Hilfe. **Nach ca. einer Minute war die Blutung gestillt!**

Weitere ähnliche Hilfen erhielt ich danach auch noch, die ich aber weglasse, dass ihr nicht den Eindruck habt, mein Ego schreibt dieses Buch.

Ich verstehe dieses Buch als »Lebensbuch« für euch, wenn ihr zu bestimmten Informationen noch keinen Zugang haben solltet, lasst das Buch eine Weile ruhen und dann lest es nochmals, euer Bewusstsein erhöht sich ständig und ihr werdet bestimmte Textstellen besser verstehen als jetzt.

Ich schicke den beiden bulgarischen Weisheitslehrern auch immer Grüße der Dankbarkeit und Liebe in den Himmel, in dem sie jetzt sind.

Als erstes präsentiere ich euch drei Botschaften von Jesus Christus, übermittelt von John Smallman und Pamela Kribbe.

Ihr lebt untrennbar in der Gegenwart des Einen

Dieses innere Wirken ist wesentlich und es besteht darin, zu lieben, was auch immer auftaucht, sei es in eurem persönlichen Leben oder in dem, was in den Weltnachrichten berichtet wird. Es darf keine Ablenkung von dieser Arbeit gestattet sein, euch davon abzuhalten, nach innen zu gehen – wenn ihr morgens aufwacht, wann immer ihr tagsüber einen freien Moment habt und abends vor dem Einschlafen – und euch in dem Frieden und der Liebe eures heiligen inneren Zufluchtsortes zu entspannen. Lasst nicht zu, dass ihr diese innere Arbeit zu tun vergesst.

Diese Arbeit unterstützt das Erwachen der Menschheit. Als Menschen habt ihr gewählt, die Lektion zu erlernen, dass ihr inkarnierte Liebe seid und euch werden häufig Gelegenheiten präsentiert, dies zu lernen.

Erinnert euch, dass ihr vollkommene, göttliche Wesen seid und diese Wahrheit aufgrund der Begrenzungen des Daseins in menschlicher Form vor euch verborgen ist. Ihr wurdet vollkommen erschaffen, von Gott, der euch absolut liebt, ohne auch nur einem Moment über euch zu urteilen!

Bewegt euch in dem Wissen vorwärts, dass ihr immer und ewig geliebt seid, da ihr untrennbar mit der Gegenwart des Einen lebt, geliebt werdet und geschätzt werdet – weit über eure Fähigkeiten hinaus, es vollständig zu verstehen, solange ihr noch in der Form seid.

Es ist eure Bestimmung zu erwachen, denn der Prozess des Erwachens wurde in genau dem Moment, in dem ihr gewählt habt, die Trennung zu erleben – gerade eben, vor einem Moment begonnen.

Was real ist, ist absolut schön, friedvoll, freudvoll, euch akzeptierend, liebend und ehrend, in jedem Moment eurer ewiglichen Existenz. Die Realität ist dort, wo ihr im jeweiligen Moment seid. **Es gibt kein Anderswo!**

Ihr macht alle **enorme** Fortschritte auf eurem individuellen und wundervoll gestalteten und einzigartigen Weg **nach Hause**. Die Erfahrung des menschlichen Lebens ist für jeden einzelnen individuell. Eure individuelle Aufgabe ist es, liebevoll zu sein, ihr handelt und sprecht dann auf eine Art und Weise, die mit der Liebe in Einklang ist.

Alle sind eins, daher bedeutet Erwachen aufzuhören, sich auf Entzweiungen einzulassen. Selbstverurteilung steht nicht im Einklang mit der Liebe, darum lasst sie los – denn sie ist unberechtigt und unfundiert – und genießt den Frieden, der dann an ihre Stelle tritt.

Euer euch liebender Bruder, Jesus.

<u>Euer Feuer ist ewig</u>

Liebe Menschen, ich bin Jeshua, ich bin bei euch und ich begebe mich noch immer unter euch.

Zu meiner Zeit war ich ein Führer, ein Botschafter des Neuen. **Nun seid ihr die Träger des Christus-Impulses und bringt diese Energie aus euch hervor.** Sie wird durch euch geboren und fließt durch euch in die Welt hinein. Dies geschieht nicht in erster Linie durch das, was ihr tut oder sagt, sondern durch das, wer ihr seid und wie ihr seid, durch euer Herz. Euer Herz ist geöffnet. Das klingt einfacher, als es in Wirklichkeit ist.

Das Öffnen eures Herzens bedeutet, dass ihr euch über die Ebene eures Willens – eures persönlichen Willens, des Willens eures Egos – hinausbegeben habt. Dass ihr zu einem Punkt der Hingabe gekommen seid, an dem ihr das Bekannte, das Sichere, die Kontrolle loslasst und euch der Strömung hingebt, die euch bewegt, die durch euch hindurch fließt und euch mitnimmt auf ein neues und unbekanntes Terrain. Das ist die Strömung des Herzens. Die Strömung des Herzens ist erneuernd, sie legt neue Wege frei und das ist nötig für das menschliche Bewusstsein auf der Erde.

Es ist notwendig, dass das Bewusstsein auf der Erde sich für neue Wege öffnet. Die bestehenden Wege führen zu Zerstörung und Verfall. Man kann das kollektive Bewusstsein auf der Erde wie ein großes Netzwerk von Energien sehen, die aus Gedanken, Überzeugungen und den damit verbundenen Emotionen besteht.

Dieses Netzwerk ist zu einer Art Irrgarten geworden. Viele blinde, fensterlose Mauern und Sackgassen sind entstanden. Das Bewusstsein auf der Erde hat sich in einer steifen, männlichen Energie festgefahren, die über Jahrhunderte die Struktur des Zusammenlebens kontrolliert hat. Diese dominierende, starre, männliche Energie vernichtet zu viel und fließt nicht mit der Strömung des Herzens mit.

Was ihr jetzt seht, ist, dass das kollektive Leiden auf der Erde zunimmt, gerade <u>weil</u> die Sensibilität in den Herzen der Menschen gewachsen ist. Aus der Kontrolle heraus zu leben verursacht Schmerz, weil ihr euch damit von eurer Seele, von eurem Seelenfluss entfernt. Es verursacht ein tiefes Gefühl des Abgeschnitten-Seins von der Quelle, von eurer eigenen Quelle.

Dies ist immer die Hauptursache des Leidens: euch abgeschnitten zu fühlen von eurem eigenen Kern, eurem Geist, eurem Feuer. Ihr seid diejenigen, die das Feuer in anderen, im kollektiven Bewusstsein, anfachen und ihr tut dies durch das, was und wer ihr seid. Fokussiert euch nicht zu sehr darauf, was ihr tun müsstet und auf die Form, die es dann annimmt, sondern fühlt dieses Feuer in euch selbst: das Feuer von Kraft, Licht und Klarheit. Fühlt, wie dieses Feuer sein Licht auf die alten, bestehend Strukturen wirft. **Das Feuer selbst bricht sie auf!**

<u>Christus Botschaft</u>

Euer Bewusstsein wirkt in seinem Wesen öffnend, aufbrechend – und ist dadurch zugleich konfrontierend und revolutionär.

Ihr habt Angst vor eurem eigenen Feuer und eurer eigenen Feuerkraft bekommen und wollt es darum verborgen halten. Aber ihr könnt euer Feuer nicht lange versteckt halten, denn gerade dass euer Herz geöffnet ist bedeutet, dass ihr euch irgendwann in der Geschichte eurer Seele dieser Strömung bereits hingegeben habt.

Ihr könnt nicht länger in einer kurzsichtigen Ego-Strömung von Überleben, Sicherheit und Geborgenheit funktionieren. Ihr habt den Ruf der Seele schon lange gehört und wollt ihm Gehör schenken. Ihr müsst daher dem inneren Feuer folgen, da ihr sonst krank oder depressive werdet oder auf verschiedenen Ebenen innerlichen Schmerz erfahrt.

Darin liegt auch euer großer Mut: dass ihr in dieser Inkarnation – wie auch in früheren Inkarnationen – auf die Erde gekommen seid und von vornherein wusstet: »Ich werde das Feuer in mir wach halten und ihm folgen, mit allen sich daraus ergebenden Gefahren.« Ihr seid in dieser Welt das Feuer. Das Feuer, welches reinigt, erhellt und säubert. **Feuer ist Licht.**

Nehmt nun einmal Kontakt mit eurem eignen Feuer auf. Beginnt damit bei euren Füßen, nah also an der Erde. Auch in der Erde sitzt viel Feuer, im Kern der Erde ist Wärme.

Die Erde ist ein lebendiger Planet – ein Lebewesen – voller Kraft, Kreativität und Ursprünglichkeit, Originalität und daher auch voller Feuer. Sie ist ein einzigartiges Wesen mit einer eigenen Seele und einem inneren Leben. Die Erde fühlt sich von **eurem** Feuer und **eurer** Originalität genährt. Ihr gehört zusammen, ihr seid mit der Erde verbunden. Ihr liebt die Erde und das Leben hier, das jetzt so sehr unter Druck steht.

Verbindet euch mit dem Herzen, dem Kern der Erde. Fühlt ihre innere Wärme, fühlt wie sie das Leben nährt und ihm Form gibt: die Vielfalt, die Schönheit der Natur, die Tiere und Pflanzen, der unglaubliche Reichtum des Lebens hier. Und fühlt auch das Feuer in euch selbst, eure Liebe für das Leben.

Lasst die Strömung eurer eigenen Energie nun durch eure Füße mit der Strömung der Erde zusammen kommen. Sagt »Ja« zur Erde. Fühlt, dass eure Verbundenheit mit der Erde tiefer geht und umfassender ist als eure Verbindung mit dem kollektiven Bewusstsein auf der Erde, dem kollektiven Bewusstsein der Menschheit. Lasst dies für einen Moment beiseite und spürt eure ursprüngliche Verbindung mit der Erde selbst, mit dem Planeten, mit der Seele der Erde. Eure Geschichte mit der Erde reicht tief und weit zurück. Ihr seid zutiefst mit der Erschaffung, der Schöpfung des Lebens auf der Erde verbunden.

Warum berührt es euch, wenn ihr seht, wie die Natur behandelt wird und wie viel da verloren geht? Warum berührt es euch so? Weil ihr tief mit dem Leben hier verbunden seid, auch mit dem Tier- und Pflanzenreich. Ihr wart Mitschöpfer des Lebens hier, als ihr noch in der Engelswelt weiltet.

Fühlt eure Wärme und eure schützende Sorge für das natürliche Leben auf der Erde und wie ihr es hegen und erblühen lassen wolltet. Fühlt auch, wie die Erde euch unterstützt. Ihr seid hier willkommen, so sehr willkommen. Lasst die Erde euch begrüßen. Lasst ihre Energie hereinströmen in eure Füße und Unterschenkel, eure Oberschenkel bis in euer Steißbein. Fühlt, dass ihr getragen werdet. Die Erde ist stark und groß. Die Erde ist ein Bewusstsein. Vergesst das nicht! Sie ist kein hilfloses Ding. Die Erde will sich transformieren, genau wie ihr. Ihr seid darin Verbündete, Partner.

Es ist wichtig, dass ihr dies begreift, denn für viele von euch ist Erdung – euch hier willkommen zu fühlen, zu Hause zu fühlen, frei zu fühlen und zu entwickeln – aufgrund eurer Kollision mit dem kollektiven Bewusstsein, dem menschlichen Denken auf der Erde zu einem Problem geworden. Aber ihr habt keine Blockade gegenüber der Erde selbst. Ihr seid tief mit der Erde verbunden. Denkt nur an Berge, an Meere und Wälder, an strahlenden Himmel, ein Reh, einen Elefanten, Vögel. Ihr liebt die Natur auf einer tieferen Ebene, als ihr vielleicht erfasst. Es ist wichtig, dass ihr diese Bindung innerlich wiederherstellt, damit die Erde euch nähren und führen kann.

Denn in dieser Zeit fallen Sicherheiten fort. Die menschlichen Sicherheiten, wie sie euch als Kind beigebracht werden – Job, Geld, Arbeit, Beziehungen – all das fällt fort, weil alte Strukturen wegfallen. Die Notwendigkeit eines neuen Anfangs wird immer brennender und deutlicher. Vertraut daher auf eure Wurzeln im Planeten Erde, in ihrem Bewusstsein.

Euer Körper ist aus der Erde gemacht, er geht aus ihren Elementen hervor. Ihr seid ein Teil von ihr und sie heißt euch von Herzen willkommen. Ihr gebt ihr sehr viel. Durch euer Feuer, eure Originalität, eure

Erkenntnisse, gereift über eure vielen Leben hier auf der Erde, seid ihr ein unglaublicher Schatz für die Erde. Sie sieht in euch einen Führer, einen Lehrer. Sie möchte euch beistehen. Was ihr tun müsst und tut, ist aus diesem kollektiven Bewusstsein herauszutreten, welches über Jahrhunderte regierte und das auf Angst, Kontrolle, Machtausübung und falschen Autoritäten basiert. Ihr seid in diesem Leben, in diesem Leben der Vollendung und Integration, im Begriff durch allerlei Schichten hindurch – Schichten von Schmerz und Angst – zu eurer Seele, eurem Kern zurückzukehren und euch von diesem traditionellen Bewusstsein zu lösen und neu zu werden.

In diesem Neuwerden könnt ihr eure Partnerschaft mit der Erde wieder fühlen und wiederherstellen. Wenn ihr aus dem kollektiven Angstdenken austretet, werdet ihr frei. Ihr spürt, dass euer Leben nicht länger von all diesen Gesetzen diktiert wird, den sozialen Gesetzen, die so absolut festzuliegen und so stimmig zu sein scheinen. **Ihr seid viel kraftvollere Schöpfer als ihr denkt, als euch vermittelt wurde.** Schaut euch – auf intuitive Weise – die Erde an und was sie aus ihrem Schoß herausgebracht hat.

Wenn ihr aus all diesen kollektiven Programmierungen austretet, verursacht euch dies zunächst eine intensive Angst, da ihr als Mensch darauf programmiert seid, dazu gehören zu wollen. Auszutreten assoziiert ihr damit, ausgestoßen zu werden, isoliert zu sein, bestraft zu werden. Alle alten Traumata, die ihr angesammelt habt, werden sozusagen aktiviert, sobald ihr wirklich aus dieser ganzen Dogmatik heraustretet.

Doch ihr seid nicht allein. Es sind jetzt viele <u>mit</u> euch. Nicht nur in der geistigen Welt, wie ihr sie nennt – der Welt jenseits des physischen – gibt es Führer und Seelenverwandte, die euch unterstützen, sondern auf der Erde selbst findet ein Prozess des Erwachens statt, bei dem immer mehr Menschen aufwachen und innerlich fühlen: »Ich kann hier nicht mehr mitmachen, das tut zu sehr weh.« »Das macht mich krank.« Oder »Ich stecke fest.«.

Ich sage euch: »<u>Ihr seid die Vorreiter</u>. Ihr seid diejenigen, die aufgerufen sind, aus der Geschichte und dem, wer ihr dadurch seid, herauszutreten.«. Das ist vor allem ein innerer Schritt. Es geht nicht so sehr darum, was ihr tut oder was ihr sagt oder wie ihr handelt, sondern darum, dass ihr euch innerlich von der gesamten Geschichte löst. <u>Frei zu werden ist</u> <u>eure tiefste Absicht und damit auch eure Aufgabe als Seele.</u>

Wenn ihr aus diesem kollektiven Schleier oder aus dieser Blase oder Hypnose heraustretet, werdet ihr für andere zu einem Führer. Dafür müsst ihr nichts tun, es geschieht von selbst. Man erkennt euer Licht. Der Unterschied zu früheren Zeiten besteht darin, dass sich jetzt in diesem alten Gewebe aus Angstdenken, Aggression und Kontrolle so viele Löcher, so viele Öffnungen gebildet haben, dass euer Licht erkannt werden kann und erkannt wird, dass ihr weiterhin am irdischen Leben teilnehmen könnt, während ihr gleichzeitig außerhalb der alten Denkmuster steht.

In gewisser Weise werdet ihr zum Bewohner zweier Welten; das ist auch notwendig um eure Seelenbestimmung zu verwirklichen. Eure Bestimmung ist frei zu werden, innerlich frei. Fühlt euer inneres Feuer, das Feuer dessen, wer ihr seid.

Um all dies anschaulicher zu machen, stellt euch dieses kollektive Bewusstsein, das voller negativerer Gedankenmuster, Angst und Überzeugungen steckt, nun als eine große Luftblase vor. Wenn ihr selbst, mit einem Feuer, in dieser Blase sitzt, kann es sich für euch bedrohlich anfühlen, dieses Feuer auszustrahlen und die Fackel des Lichtes vor euch zu halten. Denn die Energien in dieser Blase können davor zurückschrecken, Widerstand zeigen oder euch vielleicht sogar angreifen wollen, weil sie in Angst verfallen. Dann könnt ihr euch bedroht fühlen. Doch erkennt, dass ihr in eurem Wesen unverletzbar seid. **Euer Feuer ist ewig.** <u>Ihr</u> **seid ewig.**

Und nun stellt euch vor, dass ihr euch außerhalb dieser Blase befindet. Und dass ihr dort ihr selbst seid und euer Feuer brennen lasst, mit eurem geöffneten Herzen. Was geschieht dann? Ihr tanzt innerlich. Ihr genießt eure Freiheit und eure eigene, funkelnde, wunderschöne Energie und begegnet Gleichgesinnten. Was dabei jedoch auch geschieht, ist, dass – weil Löcher in dieser Blase, in dieser kollektiven Blase sind – es in ihr Menschen gibt, die euch sehen, die euch wahrnehmen und dass diejenigen von ihnen, die auf der Suche sind, mehr darüber wissen wollen. Sie kommen zu euch. Sie steigen ebenfalls aus, weil sie euch als Beispiel oder Vorbild sehen. Dafür müsst ihr nicht arbeiten, ihr müsst nur ihr selbst bleiben und euch von den kollektiven Angstmustern fernhalten. Das ist eure Führerschaft. Nicht also, an Menschen zu ziehen oder zu schieben, sondern an eurem Platz zu bleiben, als Bewohner zweier Welten.

In dieser Form von Dasein könnt ihr euch dann ganz und gar verwöhnen und es euch gut gehen lassen, es gut zu haben. Diese ganze Vorstellung von Leiden und Kämpfen ist ein Konzept, welches aus dieser kollektiven Blase oder Hypnose hervorgeht. Haltet euch dort heraus! Dann erfüllt ihr eure Rolle für andere kraftvoll und zugleich ohne Anstrengung. Was die Menschen – und auch das Bewusstsein auf der Erde – brauchen, sind lebendige Beispiele. Mehr ist nicht zu tun. Seid ein Beispiel. <u>Ihr zieht von selbst an, was zu euch passt: in Bezug auf eure Arbeit, euren Lebensstil, euer tägliches Leben</u>. Es ist nicht eure Aufgabe, das alles aus eurem Kopf heraus zu erfüllen. Lasst die <u>Energie</u> ihre Arbeit tun. **Genießt eure Freiheit**.

Was außerhalb geschieht, wenn ihr aus der Blase aussteigt, ist dass sich euer Zeitgefühl verändert. Ihr seid dann weniger mit Planen und Organisieren beschäftigt. Ihr nehmt eine eher zeitlose Kraft, eine Strömung wahr, die euch jeden Tag aufs Neue mit bestimmten Anregungen und Eingebungen versorgt und euch mehr und mehr einfach treiben lässt. Und das ist viel besser für euch. Ihr habt alle allzuviel gesorgt und gegrübelt, gesucht, ausprobiert und gekämpft. Nehmt euch die Ruhe, die euch zukommt.

Ich grüße euch alle aus einer tief empfundenen Verbindung heraus. Ich bin unter euch. Ich war niemals fort. Fühlt meine Wärme und Liebe. Ihr werdet beschützt. Wandelt im Licht. Danke für eure Anwesenheit hier, in dieser Zeit, auf der Erde.

Botschaft von Christus: »<u>Nach innen zu blicken ist der Schlüssel um euren Erwachungsprozess zu finden</u>**«.**

<u>Sein</u> ist im Augenblick eure wichtigste Aufgabe – darin ist kein <u>Tun</u> beteiligt!

Sein bedeute euch selbst in diesem Augenblick anzunehmen … Und in diesem Augenblick …, ohne Urteil oder negative Selbsteinschätzung in irgendeiner Art.

Die große Mehrheit der Menschen hat in ihren prägenden Jahren gelernt, dass sie bestimmte Dinge <u>tun</u> oder <u>nicht tun</u> müssen oder dürfen, um von ihren Eltern, Geschwistern, Familien und Lehrern oder Betreuern akzeptiert und geliebt zu werden. Einfach nur zu <u>sein</u> wird nicht gutgeheißen, weil es so viel zu geben <u>scheint</u>, was getan werden <u>muss</u>, und harte Arbeit ein unerlässlicher Aspekt eines erfolgreichen Lebens zu sein <u>scheint</u>, während <u>nichts</u> zu tun als Zeitverschwendung, als Faulheit angesehen wird.

Bis zu einem gewissen Grad ist dies ein berechtigtes Denkmodell. Doch für eine große Anzahl von Menschen ist die Arbeit zu Lebenssinn und – Inhalt geworden. Auch wenn sie oft davon träumen frei zu sein, Urlaub fern vom Alltagsstress zu haben – und trennt sie daher von der Fülle ihres <u>Seins</u>! <u>Sein</u> ist wer ihr seid und wenn ihr euch selbst untersagt, viel Zeit damit zu verbringen, einfach nur zu sein – und der Großteil der Menschheit tut das nicht – könnt ihr euch selbst nicht kennen und erkennen.

Als ihr in das menschliche Leben, in das Leben der Form hinein geboren wurdet, ist euch die Erinnerung daran, wer ihr wirklich seid, verloren gegangen. Das liegt an der vor langer Zeit getroffenen Wahl, die Trennung von der Quelle zu erfahren. Wenn ihr eure Erinnerung behalten hättet, würdet ihr keine Trennung erfahren. Die Quelle <u>weiß</u> jedoch nicht nur, dass Trennung unmöglich ist und dass die <u>Erfahrung</u> der Trennung daher harmlos ist, sie <u>weiß</u> auch, dass diese Erfahrungen etwas ist, das ihr – irgendwann – zu beenden <u>wählt</u>.

Es treffen jetzt sehr viele von euch die Wahl, die Erfahrung der Trennung zu beenden und Kraft dieser Wahl findet oder legt ihr in euch selbst den – zuvor fest installierten – Erwachungsprozess frei .

Er war schon immer da. Gott hat nicht gewählt, euch Jahrtausende inkarnieren und inkarnieren zu lassen, während ihr dabei endlos den Weg nach Hause sucht. Er hat Ihn (den Weg) in euch platziert, deutlich markiert und beschriftet, so dass, wenn ihr <u>wählt</u> zu erwachen, die Mittel da sein würden. Weil ihr die Trennungserfahrung gewählt hattet, war sie für euch auch da. Und obwohl sie euch eine Vielzahl von Lektionen zu lernen präsentierte, die euch dazu zu nötigen schienen, dass ihr viele Inkarnationen durchlauft um den Lernprozess zu vollenden, besteht und bestand für euch dennoch keine <u>Notwendigkeit</u>, dies zu tun.

Die Menschheit wurde im Laufe der Äonen süchtig nach den Ablenkungen, Zerstreuungen und Aufregungen der Trennungserfahrung – der Dualität von richtig versus falsch, Gut versus Böse, Liebe versus Angst – die das Dasein in der Form ermöglichte und ihr kamt zu dem Glauben, dass ein Leben in der Form alles sei was ihr bekommen würdet, also solltet ihr besser das Beste daraus machen. Ja, viele Kulturen errichten Mythen und Religionen, die von einem <u>Leben nach dem Tod</u> sprachen und von der karmischen Notwendigkeit vieler Reinkarnationen, aber auch dies waren Ablenkungen.

<u>Ihr seid</u> – jeder einzelne von euch auf seine eigene, einzigartige und individuelle Weise – in jedem Moment eurer Existenz – <u>eins mit der Quelle, der Liebe, Mutter / Vater / Gott</u>. Und so <u>werdet</u> ihr jeder euren eigenen, einzigartigen Weg nach Hause zu diesem Zustand des ewigen <u>Wissens</u> finden oder enthüllen. Die Mythen und Religionen waren zeitweise hilfreich, sie waren wie unvollständige Landkarten, die euch einige Richtungen anboten, die aber individualisiert werden mussten, da jeder von euch an einem anderen Punkt auf dieser Landkarte war.

Aber mit der Zeit wurden viele von ihnen zu Machtstrukturen, die einige Personen dazu benutzten, andere zu kontrollieren – euch das Urteilen darüber, was richtig und falsch sei und durch schwere Strafen, die von den »Autoritäten« über diejenigen verhängt wurden, die sich weigerten, sich anzupassen.

Und während ihr euch durch den Erwachensprozess jetzt in Richtung Zuhause bewegt, entdeckt ihr eure Gott gegebene Souveränität wieder, euer göttliches Recht euren eigenen einzigartigen Weg zu wählen. Nur <u>euer</u> Weg wird für <u>euch</u> funktionieren. Daher lösen die Menschen sich nun von den Fesseln und Beschränkungen der organisierten Religionen und deren Vorstellungen von genau einem Weg für alle und den Urteilen, die sie eingerichtet haben um die Wahrheit dessen, was richtig oder falsch sei, zu bekräftigen. Die Menschen kommen nun zu der Erkenntnis, dass es <u>nur</u> Liebe gibt und dass die einzige Regel ist, jederzeit liebevoll zu sein.

Wie euch schon oft gesagt wurde, urteilt oder verurteilt die Liebe <u>niemals</u>, die Liebe <u>nimmt</u> immer <u>an</u>. Diejenigen, die liebevoll leben, verletzen oder kränken <u>niemals</u> absichtlich jemanden oder versuchen dies auch nur. Wenn jemand über euch urteilt oder euch unaufgefordert Ratschläge oder Anleitungen gibt, bietet sie oder er euch keine Liebe an. Wenn jedoch jemand euch mitfühlend zuhört, ohne Ratschläge oder Anleitungen anzubieten, erlaubt sie oder er euch, euch selbst in euch selbst zu finden. <u>Falls</u> ihr wählt, euch selbst zuzuhören, zu verstehen, was ihr gesagt habt, und dann wirklich nach innen zu schauen.

Nach innen zu schauen ist der Schlüssel dafür, euren Erwachensprozess zu finden, aber viele sind so traumatisiert und haben so viel Schmerz und Leid tief in sich begraben, dass sie ständig nach Ablenkung von diesem eindringlichen, aber sehr leisen Ruf suchen, nach innen zu gehen. Sie haben Angst vor dem was sie dort finden werden. Ja, sie werden dort Scham, Schuldgefühle, Unwürdigkeit und Erinnerungen an lieblose Verhaltensweisen aufdecken, die sie schwer verletzt haben und mit denen sie anderen geschadet oder sie verletzt haben. Doch dann werden sie mit der liebevollen Hilfe ihres individuellen Unterstützungsteams in den spirituellen Reichen in der Lage sein, zu einem Verständnis darüber zu kommen, warum all dies geschehen ist und durch dieses Verständnis werden sie in der Lage sein, die Ungültigkeit dieser negativen Selbstbeurteilungen zu sehen, was es ihnen erlaubt, sich selbst und allen anderen zu vergeben, die sie verletzt oder beschämt haben.

Das <u>Wissen</u>, dass sie Gottes geliebte Kinder sind, wird in ihnen aufsteigen und sich selbst bestätigen und dann werden sie in der Lage sein, ihre Anhaftungen an den vergrabenen Schuld- und Schamgefühlen loszulassen, die sie so lange in sich getragen haben.

Indem sie diese Lasten loslassen, willigen sie in die Liebe ein und laden sie ein, sie zu umarmen, was sie sofort tut und das Ergebnis ist ein intensives Gefühl des inneren Friedens, der Selbstannahme und der Liebe zu allem. Es ist das Fallenlassen oder Ablegen einer enorm schweren und energieraubenden Bürde oder Last, die weder euch noch irgendjemand anderen dient.

Und an deren Stelle tritt nun eine wunderbare Erfahrung von Leichtigkeit und Frieden, während all das Sollen und Müssen oder Sollte Nicht oder Darf Nicht einfach wegfällt und dieser Mensch sich, oft zum allerersten Mal, **frei, lebendig** und von **Lebensfreude** erfüllt fühlt.

Dies ist euer natürlicher Zustand als Mensch, aber er war versteckt, vergraben, nicht zugänglich wegen all dieser unberechtigten negativen Glaubenssätze über euch selbst, die durch verschiedene Traumata, die ihr durchgemacht habt, tief in euch verankert wurden. Selbstakzeptanz ist <u>unerlässlich,</u> sie ist euer Weg nach Hause und sie ist natürlich auch die wunderbare Erkenntnis, dass Mutter / Vater / Gott, die Quelle, die Liebe eure Natur ist, dass ihr eins mit ihr seid und das IHR SIE seid!

Die Menschheit erwacht und die Erkenntnis dieses EINS-SEINS erwacht jeden Tag in immer mehr und mehr von euch Menschen. Der Beweis dafür ist für alle sichtbar, da jeder die Möglichkeit hat, im World Wide Web zu surfen und andere zutreffen, die wie er selbst, mit Begeisterung wählen zu erwachen. Lasst euch nicht auf die fortlaufenden Dramen ein, mit denen der Mainstream und die sozialen Medien den Äther überfluten, um euch abzulenken. Wählt nicht übermäßig viel Zeit damit zu verbringen, in den Telefonaten, E-Mails und euren Lieblingsnachrichtenquellen nachzusehen, denn das macht extrem süchtig. Stattdessen setzt euch eine präzise und sehr kurze Zeitspanne, nicht mehr als zweimal täglich – vielleicht am Morgen und am Abend – um zu erfahren, was ihr über das lokale und weltweite Geschehen wissen zu müssen glaubt und macht dann mit dem LEBEN weiter. Das Wunder, welches das Leben ist, offenbart sich euch in jedem Moment, wenn ihr aufmerksam seid, wenn ihr achtsam seid, anstatt euch mit den negativen Gedankenmustern zu beschäftigen, die automatisch und unaufgefordert durch euren Verstand fließen, wann immer ihr euer Bewusstsein mit seiner Gewahrsamkeit aufhören lasst.

Ihr erwacht, es ist der göttliche <u>Wille</u>, dass ihr das tut und der göttliche <u>Wille</u> wird immer absolut und perfekt erfüllt. Deshalb löst oder entlasst euer festes und ängstliches Anhaften an Zweifel und lasst »was wäre wenn« Gedanken los, die euch nicht dienen und <u>erlaubt</u> der Liebe, die ihr und jedes bewusste Wesen in Wahrheit <u>seid</u>, euch zu umarmen, euch zu inspirieren und euch zu erheben, während ihr eurem täglichen Leben in der Form nachgeht.

Euer euch liebender Bruder Jesus

Liebe Leser*innen,

zum Abschluss des Christus-Kapitels präsentiere ich euch eine große Fülle an Informationen und Botschaften des wunderbaren Meisters Peter Deunov.

Er war als Mensch Kanal für hohe geistige Ebenen und dies kommt hier zum Ausdruck. Nehmt die große Fülle als Geschenk und sucht euch die Informationen heraus, die euch sofort auf eurem Weg weiter bringen.

Warum ist Christus vor mehr als zweitausend Jahren auf die Erde gekommen?

Um die Bedingungen für das kommende Reich Gottes und das der Menschen der Liebe auf Erden vorzubereiten. Die neue Ordnung wird tausende Gottesjahre und nicht Menschenjahre dauern. Er schickt das Brot zu den Menschen. Christus sagt: »Ich bin das lebendige Brot, das aus dem Himmel herabgekommen ist.« »Mein Vater arbeitet und ich werde auch arbeiten.«.

Die Menschen wollen Herren sein, ohne den anderen gedient zu haben. Das ist unmöglich. Ein Herr kann nur derjenige sein, der zu dienen gelernt hat. Wer liebte bis jetzt alle Menschen, die ganze Menschheit? Nur Christus. Er kam auf die Erde, liebte alle Menschen und mit seiner Liebe bezahlte er all ihre Schulden. Es gibt keinen leichten Weg, welcher ins Reich Gottes führt. Wer dorthin will, muss bereit sein, den Weg Christi zu gehen. Um den Segen Gottes zu bekommen, muss der Mensch den Weg der Schwierigkeiten und Prüfungen gehen. Die Liebe Gottes kommt erst nach großen Prüfungen und schweren Leiden.

Wenn ihr Gottes Liebe wahrnehmen und anwenden wollt, folgt dem Weg Christi. Er kam auf die Erde und machte den Versuch, alle Menschen zu lieben. Er zahlte teuer für diesen Versuch, aber sein Versuch erwies sich als erfolgreich. Das bedeutet, dass Christus ein zweites Mal auf die Erde kommen wird, um denselben Versuch zu machen.

Wenn Christus auf die Erde kommt, wird er die Dinge auf den Kopf stellen. Die Mächtigen, die sich auf ihre Macht verlassen haben, wird er schwach machen und die Schwachen stark. Als Christus auf die Erde herabstieg, kam er, um den Menschenseelen zu helfen. Denn jede Seele, die auf die Erde gekommen ist, hat eine wesentliche Aufgabe, die sie selbst lösen soll.

Der Mensch muss neu geboren werden. Das bedeutet, den Gedanken Christi vernehmen, in sich dem Göttlichen Platz machen, Christus ist das göttliche Prinzip, das alle Seelen verbindet. Hütet euch davor, Tränen in den Augen Christi dafür hervorzurufen, dass ihr den Willen Gottes nicht befolgt habt. Seelig seid ihr, wenn die Augen Christi sich mit Freudentränen füllen, weil ihr den Willen Gottes erfüllt habt. Christus ist auf die Erde gekommen, um die Liebe zu äußern.

Christus sagt: »Ich bin der Weinstock, ihr seid die Reben, mein Vater der Weingärtner. Denn wer den Willen meines Vaters tut, der in dem Himmel ist, der ist mein Bruder und meine Schwester und meine Mutter. Ich bin gekommen, nicht dass ich meinen Willen tue, sondern den Willen dessen, der mich gesandt hat. Wie mich der Vater liebt, so liebe ich euch. Glückseelig sind die Sanftmütigen, denn sie werden das Land erben.«

Wer ist ein sanftmütiger Mensch? Derjenige, der in sich die Liebe trägt. Er betrachtet die Menschen als Seelen, zweifelt nicht an ihnen, bereitet ihnen keinen Schmerz, quält sie nicht. Jeder Mensch soll an sich arbeiten, um das Bild des wahren Menschen zu erschaffen. Als Vorbild des wahren Menschen dient uns Christus.

Solange er nicht zum Vermittler der göttlichen Liebe wird, wird der Mensch nichts erreichen. Was er auch erlangt, wird er verlieren. Christus sagt: »Dies aber ist das ewige Leben, dass sie dich, den allein wahren Gott und den du gesandt hast, Jesus Christus, erkennen. An einem fehlt es dir.«

Was ist dieses Eine? Ihr werdet sagen, dass ihr die Liebe möchtet. Was ist die Liebe? Kann man sie essen oder trinken? Weder isst man sie, noch trinkt man sie, aber sie bringt alles andere hervor, was man isst und trinkt. An und für sich ist die Liebe kein Glück, bringt aber Glück hervor; sie ist nicht stark, macht die Menschen aber stark; sie ist kein Licht und keine Wärme, bringt aber Licht und Wärme hervor. Was ist die Liebe eigentlich? Es erweist sich, dass die Liebe nichts ist, aber alles hervorbringt.

Unter dem Wort »nichts« verstehen wir, dass die Liebe nicht begrenzt ist, sie schuldet keinem etwas, tut aber alles. Wenn sie dem Menschen Licht und Wärme gibt, fordert sie von ihm, sie zum Ausdruck zu bringen, da wo es nötig ist.

Christus brachte die Liebe in die Welt, dennoch wurde ihm Leid zugefügt. So lernte er, was göttliche Liebe ist. Er begriff, dass es in der göttlichen Liebe keine Veränderung gibt – sie ist ewig und unendlich. Christus vertraute auf Gott, wenn er etwas hatte, was ihn mächtig machen konnte, dann war das seine Liebe zu Gott.

Heutzutage betrachten die Menschen Christus unter einem historischen, kosmischen, mystischen Gesichtspunkt etc. Aber Christus selbst ist eins und untrennbar. Es gibt nur einen Christus, der lebendige Christus, der eine Offenbarung Gottes, eine Offenbarung der Liebe ist. Christus ist Gott, der sich in der Welt offenbart.

Als die Offenbarung Gottes kann man ihn nicht von Gott trennen und ihn nicht außerhalb von Gott betrachten. Ich halte ihn für eine reale Verkörperung der Liebe. Die Liebe ist die höchste Realität und nicht etwas Abstraktes. Sie hat eine Form, einen Inhalt und einen Sinn.

Christus gab den vollkommenen Ausdruck der Liebe auf der Erde. Christus ist und bleibt als historische Persönlichkeit, als kosmisches Wesen und als mystisches Erlebnis die vollkommenste Offenbarung der Liebe. Sowohl draußen im Kosmos als auch drinnen in den mystischen Tiefen der Seele gibt es keine vollständigere Offenbarung der Liebe als diese, die Christus personifiziert. Dann schreibt die Zeit Chroniken und legt ihr Zeugnis über ihn ab: »Seht, da ist der Mensch! Das ist der wahre Mensch, in dem die Liebe, die Weisheit und die Wahrheit wohnen und der sie anwendet.«.

Innerlich erkannt wird er mystisch. Im Begreifen und in der Erkenntnis Gottes als Gott der Offenbarung wird er kosmisch. Dann ist der physische Aspekt die ganze Menschheit, die in einem Körper vereint ist. Alle menschlichen Seelen, in denen Christus lebt, in einem vereint, stellen den physischen Aspekt Christi dar. Alle Engel, die im Herzen Christi vereint sind, stellen seinen geistigen Aspekt dar. Und alle Götter, im Geist Christi vereint, stellen seinen göttlichen Aspekt dar. Das ist der kosmische Christus, der auf der Welt offenbarte Gott.

Deshalb sieht der Mystiker überall Christus. Berge, Felder, Quellen,

Flüsse, Meere, mit allen Naturschätzen, die in ihnen verborgen sind, das ist alles eine Offenbarung dieses großen Bruders.

Aber das ist ein tiefes Geheimnis, für dessen Verständnis Tausende von Jahren harter Arbeit erforderlich sind. So muss man Christus in seiner Weite erfassen. Er ist der Eine, obwohl ihn die Menschen sowohl als historischen als auch als kosmischen und/oder als mystischen Christus auffassen. All diese Worte müssen beim wahren Erkennen Christi als eine offenbarte Liebe zu Gott aufleben und keine trockenen Begriffe, keine Gefängnisse des menschlichen Denkens bleiben.

Er spricht von sich selbst als von einem Geist, der immer auf der Erde bestehen wird, bis zur Vollendung des Zeitalters, d.h. bis zur Vollendung dieses Zeitalters der Gegenwart und des Übels das seine letzten Tage lebt.

»Geht nun hin und lehrt sie« – sagt er seinen Jüngern – und »Ich bin bei euch alle Tage bis zur Vollendung des Zeitalters.« (Mt 28,19-20).

Einer der größten Irrtümer ist es zu glauben, dass Christus im Himmel sei, dass er sitze und auf das Jüngste Gericht warte, um zu beginnen, über die Lebenden und die Toten zu urteilen. Die Wahrheit ist, dass Christus niemals die Erde verlassen hat. Erinnert euch an seine Worte: »Mir ist alle Gewalt gegeben im Himmel und auf Erden.« (Mt 28,18)

Christus ist es, der sowohl das historische als auch das kosmische, das mystische Leben auf der Erde und die Menschheit bewegte, bewegt und bewegen wird. Ohne Christus gibt es keine Geschichte. Ohne Christus gibt es keinen Kosmos, d.h. eine organisierte und geregelte Welt. Ohne Christus gibt es kein mystisches Leben. Er ist der große Inspirierer aller Offenbarungen während aller Zeiten. Er ist die unsichtbare Treibkraft des ganzen geistigen Lebens der Menschheit. Darüber spricht auch die Heilige Schrift, in der Christus als zentrale Person erscheint.

Darauf spielt Christus selbst mit den Worten an: »Was über mich geschrieben steht in dem Gesetz Moses und den Propheten und Psalmen« (Lk 24,44). Mose, im weitesten Sinn, stellt alle geistigen Führer der Menschheit, alle Gelehrten, Philosophen, Dichter, Schriftsteller, Künstler, Musiker dar, die den menschlichen Verstand auf das Verstehen Christi, der göttlichen Wahrheit vorbereiten. Unabhängig davon, wie vergänglich ihre Werke und Theorien scheinen mögen, sind sie nicht willkürlich, sondern werden unter dem Einfluss eines Weltgesetzes des Geistes geschaffen, der an den Menschen auf eine spezielle Art und Weise arbeitet.

All diese Menschen arbeiten für die allgemeine Erhebung der Menschheit, sie bereiten den Weg für das Kommen Christi vor. Denn es ist nicht leicht, dass ein großer Geist wie Christus unter die Menschen kommt. Sie sollen im Laufe von ein paar Jahrtausenden hart arbeiten, damit Christus unter sie kommt.

Es ist nicht leicht, auf die Erde herabzusteigen. Aber mit seinem Kommen auf der Erde eröffnete Christus ein neues Zeitalter in der Entwicklung der Menschheit. Er zeigte den einzigen Weg auf, auf dem die menschliche Seele zu Gott kommt. Deswegen sagt er: »Ich bin der Weg und die Wahrheit und das Leben.« (Joh14,7)

Der Weg im weitesten Sinne des Wortes, das ist die Bewegung des Geistes in der vernünftigen Anwendung der Gesetze der Natur. Das Leben – das ist das harmonische Organisieren der Elemente und die Entwicklung der Kräfte in der göttlichen Seele. Die Wahrheit – das ist die Offenbarung des einen Gottes, der Bedingungen für die Entwicklung aller Lebewesen schafft.

Aus der göttlichen Welt der Wahrheit hervorgegangen und in die materielle Welt hineingegangen, verbindet Christus die menschlichen Seelen mit der Welt der Wahrheit, hinter der sich die großen Ziele jedes Daseins verbergen. Es soll einen Faden geben, der die menschlichen Seelen, die in der Materie versunken sind, mit Gott vereint. Nur Christus ist im Stande, diesen Faden zu spinnen, der die Menschen mit Gott vereint. Denn er ist aus der göttlichen Welt herabgestiegen um das Leben aus der Welt der Wahrheit zu bringen. Indem er auf diese Weise den Weg vorgab, der vom zeitlichen zu ewigen Leben führt, stieg er wieder hinauf.

»Das aber ist das ewige Leben, dass sie dich, den allein wahren Gott und den du gesandt hast – Jesum Christum – erkennen.« (Joh17,3) sagt Christus.

Gott zu erkennen, d.h. die Keime des Geistes, die Bedingungen, Kräfte und Gesetze zu erkennen, auf die sich diese große Ordnung der Dinge stützt und auf denen sie beruht; und Christus zu erkennen, d.h. das

Geistige zu erkennen, das was aus dem einen Gott hervorkommt, allen Menschen Leben bringt, sie anleitet und schützt, indem er sie mit dem ursprünglichen Zentrum von allem was ist, verbindet, zu erkennen.

Christus ist der Weg jener geistigen Bewegung der Seelen, die sie zum ewigen Leben in der Wahrheit führt. Deswegen antwortete Christus, als man ihn fragte, warum er auf die Erde kam: »Ich bin dazu geboren und dazu in die Welt gekommen, auf dass ich der Wahrheit Zeugnis gebe«. (Joh 18,37)

Die Frage nach dem Kommen Christi ist eine der tiefsten Fragen im menschlichen Leben. Viele glauben, dass Christus auf die Erde kam, um zu leiden und die Menschheit zu retten. Aber das Kommen Christi ist keine Frage des Leidens. Heutzutage erzählen alle Prediger, dass Christus auf die Erde kam, um die Menschen zu retten. Wenn Christus die Menschen auf jene mechanische Weise gerettet hätte, wie die Menschen es verstehen und wenn sie wirklich gerettet wären, würden sie nicht dem Geist Christi, seiner Lehre, entgegengesetzt leben.

Christus brachte die Seelenlehre auf die Erde. Er zeigte den Weg, auf dem die menschlichen Seelen Gott erkennen können und das ewige Leben erlangen. Das Tor zu diesem Weg ist die Liebe. Wer durch dieses Tor hindurch geht, der geht auf jenem königlichen Weg, auf dem ihn große Heldentaten erwarten.

Viele große Seelen sind vor Christus auf die Welt gekommen, aber sie konnten die mühsame Aufgabe, die Menschheit zu erheben, nicht lösen. Christus sollte kommen, um diese wesentliche und wichtige Aufgabe zu lösen und den Menschen einen erprobten Weg zu zeigen, auf dem auch sie diese Aufgaben lösen können.

Als Christus, der Sohn Gottes, auf die Erde herunterkam, vereinten sich die Arbeiter des ganzen Himmels in seinem Namen, um das Angefangene zu Ende zu führen. Im Evangelium steht es: »Also hat Gott die Welt geliebt, dass er seinen eingeborenen Sohn gab, auf dass alle, die an ihn glauben, nicht verloren werden, sondern das ewige Leben haben.« (Joh 3,16)

Der Sohn – das ist das Wort, das Geistige, das Göttliche, was als Einziges die Harmonie auf der Welt und die Verbindung der menschlichen Seelen zu Gott wiederherstellen kann. Christus konnte diese

Verbindung wieder herstellen und Einfluss auf die Menschheit als Ganzes ausüben, denn er selbst war mit dem großen, mächtigen Ganzen verbunden.

Und wenn im Evangelium davon die Rede ist, dass der Geist auf Christus herniederfuhr, dann ist jene Vereinigung Christi mit dem kollektiven Geist der geistigen Welt gemeint, dank derer die Verwirklichung einer göttlichen Idee auf der Erde möglich wurde. Denn ein solches ist das Gesetz auf der Erde: Damit das Werk Gottes vollbracht wird, soll sich ein Mensch auf der Erde mit einem Wesen vom Himmel vereinen.

In diesem Fall war dieses Wesen der kollektive Geist Gottes. Von diesem Gesichtspunkt aus ist Christus ein kollektiver Geist. Er existiert als das Eine, ist aber zugleich ein kollektiver Geist. Er ist die Summe aller Söhne Gottes, aus deren Seelen und Herzen Leben und Liebe sprudelt. Alle Söhne Gottes in einem vereint, alle geistigen Seelen, die in göttlicher Einigung leben, sind Christus. **Das Kommen Christi ist das wichtigste Ereignis in der Geschichte der Menschheit!**

Es ist ein außergewöhnliches Ereignis, sowohl dem Gehalt als auch dem Sinn nach. Mit diesem Ereignis ist die Hauptidee des menschlichen Lebens, die Idee von der Unsterblichkeit, Idee vom ewigen Leben verbunden.

Und die Bemühungen des ganzen menschlichen Daseins laufen auf folgendes hinaus: Die Unsterblichkeit zu erlangen und in das ewige Leben einzutreten. »Dies aber ist das ewige Leben, dass sie dich, den allein wahren Gott und den du gesandt hast, Jesum Christum, erkennen.« (Joh17,3) Gott zu erkennen, Christus zu erkennen.

Haben die Menschen Christus erkannt, als er vor über 2000 Jahren vor ihnen erschien? Kennen sie ihn heute? Wenn die Wahrheit in der Welt erscheint, wird sie nicht Königliche Kleider, sondern ein bescheidenes Gewand anziehen. So erschien auch Christus vor über 2000 Jahren in einer einfachen Form, in der die Menschen ihn nicht erkennen konnten. Aber solcher Art sind die Gesetze dieser Welt. In dieser einfachen Kleidung – augenscheinlich ein Mensch wie alle anderen – wurde er sogar von seinen Jüngern nicht in Gänze erkannt. Nur drei von ihnen sahen in der Verklärung Christi sein Gesicht, d.h. sein Inneres. In diesem inneren Licht sahen und erkannten sie ihn, wie er unter den Engeln war.

Für die Juden war Christus der Sohn von Joseph, dem Tischler. Für die jüdischen Lehrer und Pharisäer war er einen Gotteslästerer, ein selbst ernannter Messias, der sich selbst Sohn Gottes nannte. Er stammte nicht aus ihrem Kreis, hatte nicht bei ihnen gelernt. Wo hat Christus gelernt? Denn alles, was er leistete, zeugte von seinem umfangreichen Wissen. Christus selbst, indem er sich an seine Zuhörer wendet, sagt: »Wenn ich euch das Irdische gesagt habe und ihr glaubt nicht, wie werdet ihr glauben, wenn ich euch das Himmlische sage?« (Joh3,16) Wenn Christus von dem Himmlischen spricht, versteht er darunter die großen Mysterien der Sonne.

Er verstand aber auch das Irdische, denn er war mit der damaligen Kabbala, mit der Philosophie der Völker aus dem Morgenland und der Griechen sowie mit den damaligen Wissenschaften vertraut. Christus hatte es nicht nötig, an den menschlichen Schulen zu lernen. Auch im Hinblick darauf, dass sein ganzes Leben eine angewandte Lehre für ihn selbst war. Er war eine Quelle neuer Erfahrungen, eine Anwendungsfeld jener großen Prinzipien und Gesetze, dessen Wirkung in der unsichtbaren Welt er kannte. Dank seines wachen Bewusstseins und der Verbindung zur unsichtbaren Welt konnte er immer unmittelbar aus diesem Wissen schöpfen.

Und als Christus betete, war für ihn das Gebet ein Gespräch mit der geistigen Welt. Durch das Gebet kam er mit der unsichtbaren Welt, mit allen Hierarchien in ihr, mit Gott ins Gespräch. Durch das Gebet vermittelte die unsichtbare Welt Christus jene große Lektion, die er auf der Erde lernen sollte, offenbarte ihm jene Aufgabe, die er unter den Bedingungen des irdischen Lebens lösen sollte. Erst nach der Lösung seiner schweren Aufgabe verstand er durch die eigene Erfahrung, **dass der einzige Weg, die Menschheit zu erlösen, die Liebe ist**. Dann begriff er den tieferen Sinn all seiner Leiden.

Christus selbst sagt, dass er in die Welt gekommen ist, um Zeugnis für die Wahrheit abzulegen. Konnte Christus, der ein starker, genialer Mensch war, der seinen hohen Ursprung kannte, der alles vorhersah und wusste, was geschehen wird, konnte er die Leiden, die ihn erwarten, wirklich nicht abwenden? Vor ihm stand die Alternative, entweder die Engelslegionen anzurufen und mit deren Hilfe das jüdische Volk und das Römische Reich zu vernichten – d.h. sich der Methoden der Vergangenheit zu bedienen, der Methode der Gewalt und des Schwertes von Mose und Ilias, der Methode der alten Magier und Adepten (Eingeweihten) – oder den Kelch und das Kreuz anzunehmen und sie durch die Kraft der Liebe zu überwinden. Christus wählte das Zweite und das war der erste Versuch seiner Art auf der Erde.

Wenn sich Christus von den Leiden, von dem Kreuz, an dem man ihn später kreuzigte, von den Nägel mit denen man ihn festnagelte, von dem Speer mit dem man ihn durchstach, hätte abschrecken lassen, hätte er keine neue, wesentliche Lösung für die schwere Aufgabe, die menschliche Seele zu erheben, gebracht.

Er schmolz mit dem Feuer der Liebe – das einzige Feuer welches die Waffen der Gewalt schmelzen kann – sowohl Schmach als auch Peitschenschläge, Kreuz, Nägel und Speere. Und sein Versuch war erfolgreich. So löste Christus eine Aufgabe, von deren Lösung die Zukunft der ganzen Menschheit abhing. So fand er den Weg zur Erlösung jener leidenden Seelen, für die er gekommen war. Nämlich für diese einfachen, aber erhabenen Seelen, die den Mut hatten, an ihn zu glauben und nicht für die gelehrten, religiösen Menschen seines Jahrhunderts gab Christus sein Leben hin, damit sie in jener Liebe leben, die er ihnen brachte.

Wenn ich von den Leiden Christi spreche, tauchen vor meinem inneren Auge jedoch zwei Eigenschaften Christi auf, nämlich seine einzigartige Geduld und seine Demut. Dank derer ertrug er alle Verleumdungen, jede Schmach und Beleidigung, die man ihm zufügte. Angesichts all dessen stand er still, blieb ruhig und unerschütterlich, als ob nichts geschehen wäre. Keine Träne quoll aus seinen Augen hervor. Das ist eine große Geduld, das ist Selbstbeherrschung, das ist Liebe! Das ist ein Fels, den nichts zerschmettern konnte.

Christus trug nicht bis zuletzt das Holzkreuz. Er trug es bis zu einer gewissen Stelle und dann warf er es auf die Erde. Die Menschen glauben, dass er es warf, weil er unter seiner Last zusammenbrach. Nein, Christus war kein schwacher Mensch. Er konnte das Kreuz tragen, aber er ließ es um der Menschheit zu zeigen, was sie erwartet. Er wollte sagen: »Ich kann das Kreuz der Leiden der lebendigen Menschen tragen, aber ein Holzkreuz will ich nicht tragen!«

Die heutigen Christen tragen und küssen immer noch das Holzkreuz, welches von Christus selbst verachtet wurde! Das Holzkreuz auf die Erde werfend, richtete sich Christus auf und machte sich erhobenen Hauptes auf seinen Weg nach Golgatha. Man nagelte ihn ans Kreuz. Aber auch am Kreuz hing er nicht lange. Er löste sich selbst von den Nägeln. Wie? Indem er seinen Körper verließ und zu Josef von Arimathäa ging. Man beerdigte ihn und schloss das Grab. Auch diesen Ort verließ er. Er wollte seinen Körper nicht im Grab zurücklassen, denn er war lebendig. Er ließ ihn selbst auferstehen!

Der Starke stirbt nicht; er ersteht wieder auf und schenkt auch den anderen Leben. Christus ist das Herz Gottes und deshalb ist er auferstanden. Das Herz Gottes kann nicht sterben. Die Menschen kennen Christus noch nicht in seiner göttlichen Macht und Kraft. **Stark und mächtig ist Christus jetzt! Dieser Christus kommt jetzt, um den Verstand und die Herzen der Menschen aufzusuchen.** Er wird alle Gefängnisse zerstören, alle falschen Lehren hinwegfegen – all das, was den menschlichen Verstand und das Herz vernichtet, was sie zur Verunsicherung und Unordnung bringt, was das menschliche Leben lähmt.

Er ist der lebendige Christus, der allen Seelen Leben, Licht und Freiheit bringt, der in ihnen Liebe zu allem erweckt.

Wenn ich sage, dass Christus jetzt kommt, denken manche, dass er von außen kommen wird. Christus kommt nicht von außen, er kommt weder in menschlicher Gestalt noch in einer anderen Form. Wenn die Sonnenstrahlen in eure Häuser dringen, bedeutet das, dass die Sonne selbst euch besucht hat?

Merkt euch: **Christus ist eine Offenbarung der göttlichen Liebe. Und er wird als inneres Licht im Verstand und in den Herzen der Menschen erscheinen.** Dieses Licht wird alle Wesen um Christus herum wie ein großes Zentrum heranziehen.

Das Öffnen des menschlichen Verstandes und der menschlichen Herzen und die innerliche Annahme Christi wird das zweite Kommen Christi auf der Erde sein. Ich sage euch: Christus brachte die frohe Botschaft nicht in Raum und Zeit. Wir betrachten Christus und seine Lehre als etwas, das ewig gegenwärtig ist.

Aus diesem Grunde hörte Christus nicht nur während seiner dreijährigen Predigt, sondern auch während dieser zweitausend Jahre nicht auf zu sprechen.

Auch davon, was er während dieser drei Jahre des Predigens sprach, ist sehr wenig, sind also nur Bruchstücke erhalten geblieben. Glaubt ihr, dass Christus seine ganze Lehre vortrug? Im Vergleich dazu, was Christus brachte, gab er den damaligen Menschen sehr wenig. Die Menschen damals waren nicht auf seine Lehre vorbereitet. Aus diesem Grunde sprach er zu ihnen in Gleichnissen. Heute würde er anders sprechen. Er würde vor allem die große Lehre der Liebe und die Methoden predigen, mit denen man sie anwenden kann. Er würde den Weg der Schülerschaft, der Bruderschaft und des Dienens predigen, weil es das Gesetz der Evolution heute verlangt.

Und jetzt wendet sich der große Meister, indem er die Grundlagen der neuen frohen Botschaft bekannt gibt, an alle erwachten Seelen: »Mögen alle fleißige Schüler, gute Brüder, treue und wahre Diener sein!«. Denn nur die, welche fleißige Schüler, gute Brüder und wahre Diener sind, können Schöpfer sein der **neuen Kultur, in der Christus in jedem Menschen und unter allen Menschen leben wird**. Nicht einfache Gläubige will Christus, nicht Menschen, die gegeneinander kämpfen, nicht Herrscher und Priester, sondern wahre Menschen – Schöpfer des Neuen, Schüler, Brüder und Diener. Nicht Menschen, die ihn ständig in ihrem Inneren kreuzigen, will Christus, sondern Menschen die ihn annehmen, um mit ihnen und unter ihnen zu leben und die eins mit ihm sind.

Die Zeit ist gekommen, die Grundlagen einer neuen Kultur zu legen, die nicht von Menschen gebildet wird, die sich vor dem gekreuzigten Christus verbeugen, sondern von Menschen – Brüdern, **in denen der lebendige Christus der Liebe lebt. Die Grundlage dieser Kultur wird die Liebe sein**. Weil die Liebe die einzige Kraft ist, welche die Menschen zu fleißigen Schülern, guten Brüdern, treuen und wahren Dienern sowie Schöpfern des neuen Lebens machen kann. Das ist das Neue, das Christus heute der Menschheit bringt. Das ist die Sprache der Großen Universellen Bruderschaft.

Wisst, dass es nur einen Christus der großen Liebe gibt, der jetzt in der Welt und in den Seelen der Menschen wirkt! Über diesen Christus spreche ich zu euch, nicht über den historischen oder gekreuzigten

Christus. Über den lebendigen Christus spreche ich zu euch, über jenen Christus, der in sich das Leben, das lebendige Wissen, das Licht, die Wahrheit und die Freiheit trägt. Ich spreche über jenen Christus, der alle Menschen zum Aufbau des geistigen Lebens bringt. Er ist der große Christus, der sich Haupt der Großen Universellen Bruderschaft nennt. Ihn kennen alle großen Seelen und zwischen ihnen existiert kein Streit wer und was für einer er ist, wo er jetzt ist, welchen Platz er in der Hierarchie der Meister einnimmt etc. Sie streiten nicht, denn sie wissen mit absoluter Sicherheit, welchen Platz Christus und die anderen großen Menschen, die in der Welt erschienen sind und erscheinen werden, im Ganzen einnehmen.

Diesen Christus sollen die Menschen heute kennen. Ich behaupte, dass aus dem Menschen nichts werden kann, wenn er Christus nicht sieht. Aber damit der Mensch Christus sieht, soll er einen Verstand, ein Herz, eine Seele und einen Geist wie Christus haben. Der Mensch soll von der Quelle selbst und nicht vom Fluss, der trübe ist, trinken. Mach dich auf den Weg, der zu dieser Quelle führt, der Weg ist ein wenig schwierig und lang, aber dafür wirst du selbst an der Quelle vom Wasser des Lebens trinken, welches für immer deinen Verstand und dein Herz erfrischen wird. Vor deinen Augen werden sich bis dahin ungeahnte Horizonte eröffnen. Auf diesem Berg, wo die Quelle des Lebens sprudelt, wirst du die Stimme Gottes hören.

Wünsche dir, nicht dort zu bleiben, sondern gehe zu deinen Brüdern hinunter! Gehe hinunter und wende als Schüler, als Bruder und als Diener die lebendigen Worte deines himmlischen Vaters an, der dich mit den Fäden seiner Liebe zu sich herangezogen hat. Diese Fäden liegen in den Händen Christi, des offenbarten Gottes der Liebe.

Christus manifestiert sich überall in der Welt. Ihr werdet ihn in jedem reinen Herzen, in jedem reinen Verstand und in jeder erhabenen Seele treffen. Wie die Sonne sich in tausenden Spiegeln widerspiegelt, so manifestiert sich Christus in tausenden von Seelen. Er manifestiert sich durch die Gedanken, Gefühle und Taten der Menschen. **Wie das Sonnenlicht durch die Augen dringt, so dringt auch das göttliche Licht in die menschlichen Seelen.**

Rolfs Kommentar zum Christus-Kapitel

Liebe Leser*innen, wahrscheinlich raucht euch der Kopf von der Fülle an Informationen zu Christus und auch zu den Geschehnissen auf Golgatha. Unser Verstand möchte gern wissen, was da geschah.

Eine Umfrage hat kürzlich ergeben, dass die Hälfte der Befragten glaubt, dass Christus nicht am Kreuz physisch gestorben ist. Dieses Kapitel bietet euch sogar drei Möglichkeiten an: Die erste steht in der Bibel, die zweite von Meister Peter Deunov wurde vorher erklärt und die dritte könnt ihr im Buch »Jesus – Das Buch« nachlesen.

Es ist nur unser Verstand, der das gerne wüsste. Unser Herz spürt, dass er nicht gestorben ist, er ist als Bewusstseinsfeld im gesamten Universum gegenwärtig, unendlich und kann von allen Menschen wahrgenommen und kontaktiert werden.

Unsere Eintrittskarte in das Bewusstseinsfeld von Christus ist unser liebevolles Herz. So werde ich (Rolf) seit ca. 20 Jahren von ihm, bzw. seinem Bewusstseinsfeld mystisch, magisch und fast magnetisch angezogen. Ich bin nicht so vermessen zu glauben, er sei es persönlich, ich meine aber, dass Christus und sein Bewusstseinsfeld eins sind. Er macht uns damit ein Angebot, dass wir alle annehmen sollten.

Ich habe einige Begebenheiten aus meinem Leben erzählt, aber davon gab es noch viel mehr. Ich kann nur sagen, dass ich sehr glücklich bin, ihn an meiner Seite zu wissen. Diese Möglichkeit haben alle Menschen! Ihr braucht auch nicht viel Zeit dafür aufzuwenden, es genügt, wenn ihr mit offenem Herzen Christus und die göttlich geistige Welt um Führung bittet. Und dann lasst euch überraschen, was geschieht.

Eine schöne Affirmation fiel mir dazu ein: Lieber Christus, ich öffne mein Herz für dich und verbinde mich liebevoll mit deinem Bewusstseinsfeld.

Ich glaube zutiefst, dass wir nur in engem Kontakt zur göttlich geistigen Welt, zu Christus und unserem lieben Herrgott glücklich werden können.

Ich wünsche es euch allen von ganzem Herzen!

So, meine Lieben Leser*innen,
jetzt widmen wir uns dem letzten Kapitel dieses Buches. Einige von euch haben bestimmt eine Vorahnung dessen, was noch kommt.

Unser lieber Herrgott

Vor 6 Jahren – also 2015 – erhielt ich einen ganz besonderen Brief, der bestimmt von der göttlich geistigen Welt in Auftrag gegeben wurde. Zu dieser Zeit war ich auch schon sehr spirituell orientiert, lebte achtsam und bewusst, sehr naturverbunden und liebevoll zu allen Wesen.

Ein sehr nettes Ehepaar, die an meiner Energieplatzführung hier im Wildental teilgenommen hatten, schickte mir eine schriftliche Botschaft im DIN A4 Format. Es war eine künstlerische Tusche-Schrift mit altdeutschen Buchstaben, der Text enthielt einige wichtige geistige Hinweise für mich und zum Schluss stand sehr groß geschrieben: **Jetzt lebe Dein Göttliches Wesen.**

Diesen verstand ich als Aufforderung der geistigen Welt. Nachdem mir nicht ganz klar bewusst war, was ich damit tun soll, kam fast zeitgleich ein Buch vom Erzengel Raffael in mein Leben. In diesen Texten spürte ich eine so starke Energie, dass ich mich zum Lesen dieser Bücher, es waren 2 Bände, immer in die ruhigste Natur der Berge zurückzog, um den Inhalt zu verstehen und gut aufnehmen zu können.

Darin sprach Erzengel Raffael auch über unsere Göttlichkeit und stellte den Lesern tiefgehende Affirmationen dazu zur Verfügung.

Zum Beispiel:

Die mächtige Gegenwart Gottes ist meine wahre Natur.

ICH BIN die aufsteigende Kraft göttlicher Liebe.

ICH BIN in meinem Herzen Licht und ich schließe mich an meine göttliche Quelle an, indem ich mir selbst entgegen gehe und den Kontakt zu meiner Seele suche.

Gott in mir ist die herrschende Kraft und ich anerkenne nur den göttlichen Willen.

ICH BIN eine gottgeborene Seele.

Auch andere Botschaften und Artikel, die genau in dieser Zeit zu mir kamen, wiesen mich auf mein göttliches Wesen hin und was zu tun ist, um dieses zu entwickeln. Im Idealfall schaffen wir es alle unsere Gedanken, Worte und Taten an der Göttlichkeit zu orientieren. Wir verlassen damit das 3D-Massenbewusstsein und denken, sprechen, schreiben und handeln nur noch zum höchsten Wohle des Gesamten, also göttlich.

Diese Umstellung, die unser gesamtes Sein betrifft, geht natürlich nicht von heute auf morgen. Wir können uns aber kontrollieren und im Alltag beginnen, dieses hohe Ziel umzusetzen. Wenn ihr dazu bereit seid und anfangt, euer göttliches Wesen auszudrücken und zu leben, wird sich euer gesamtes Dasein verändern. Diejenigen von euch, die den Impuls dazu in ihrem Innersten spüren, bekommen auch Hilfe und Unterstützung aus der göttlich geistigen Welt. Ich kann euch nur empfehlen, es mit ganzem Herzen auszuprobieren und auf alle Hinweise unserer Freunde »von oben« zu achten und dafür zu danken.

Es werden tatsächlich viele kleine und auch große Wunder geschehen, die wir mit dem bisherigen Massenbewusstsein und der 3D-Wahrnehmung einfach nicht bemerkt haben. Wenn ihr meint, dass euch dazu die Zeit fehlt, weil ihr einen anstrengenden Beruf ausübt und / oder familiär stark engagiert seid, ist es auch möglich, mit kleinen Schritten zu beginnen. Probiert es einfach in eurem täglichen Leben aus, vielleicht am Anfang nur für ein paar Stunden, dann längere Zeit und irgendwann sind die göttlichen Verhaltensweisen in eurem Innersten angekommen und bestimmen euer neues Sein.

Es macht auf jeden Fall viel Freude, einen Riesenspaß, alles geht leichter, fließender, reibungslos und ihr werdet von eurer Umgebung sehr viele positive Reaktionen bekommen. Dann ist auch die göttliche Liebe in euch eingezogen und strahlt immer stärker von euch aus, auf alle Wesen und die gesamte Welt!

Denn ohne Gott werden wir nicht glücklich! An diesem letzten Kapitel haben wieder Peter Deunov und Omraam Michael Aivanov einen großen Anteil, sie waren Gott sehr nahe und das kommt in ihren Botschaften zum Ausdruck. Ich wünsche euch viel Freude damit.

Es gibt vier Dinge, die der Mensch ständig in seinem Sinn behalten soll:

Gott schuf die Erde, damit die Menschen gut sind
Gott schuf das Wasser, damit die Menschen rein sind
Gott schuf die Luft, damit die Menschen richtig denken
Gott schuf das Licht, damit die Menschen den richtigen Weg gehen können

Auf vier Wegen gelangt der Mensch zum wahren Leben:

Auf dem Weg der Erde, auf dem Weg des Wassers, auf dem Weg der Luft und auf dem Weg des Lichtes. Der Mensch kann nicht zum wahren Leben gelangen, wenn er nicht gut ist. Der Mensch soll den Weg des Guten, immer den Weg des Guten gehen.

Das Wasser macht ihn rein, da das Wasser ein guter Leiter des Lebens ist.

Indem er den Weg des Lichtes geht, lernt er das große Buch Gottes lesen.

Was sollen wir tun? Sei gut, sei rein, denke richtig, geh den richtigen Weg und lerne das Lesen in der Natur. Wenn du gut bist, dann gehört dir die Erde. Wenn du rein bist, gehört dir das Wasser. Wenn du richtig denkst, gehört dir die Luft. Wenn du den richtigen Weg gehst, gehört dir das Licht.

Die Erde wird nur den guten Menschen gehören. Momentan verwalten immer noch die schlechten Menschen die Erde. Aber das währt nur eine bestimmte Zeit. Es gab Zeiten, als die Tiere die Erde beherrschten und regierten. Jetzt regiert sie das Mensch-Tier.

Aber es kommt die Zeit und sie ist gekommen, in der die Sanftmütigen die Erde erben und regieren werden. Der wahre Mensch ist der gute Mensch. Und der gute Mensch, der reine Mensch, der Mensch der richtig denkt und den rechten Weg geht, ist der starke Mensch. Er ist der Mensch, der von Gott geboren wurde. Der Mensch muss von Gott geboren sein und nicht nur an ihn glauben. Der Glaube ist ein Weg der Liebe. Und die Liebe ist eine innere Verbindung zu demjenigen, der dich geboren hat.

Wenn du stark werden willst, diene Gott! Nur dadurch erlangt der Mensch die Stärke im Leben. Nur so kannst du ein richtig starker Mensch auf der Welt werden.

Die Menschen fragen, ob Gott existiere oder nicht.

Wenn du Brot isst, dann existiert Gott, denn Gott ist im Brot enthalten.

Wenn du Wasser trinkst, existiert Gott, denn Gott ist im Wasser enthalten.

Wenn du Luft atmest, existiert Gott, denn Gott ist in der Luft enthalten.

Wenn du das Licht wahrnimmst, existiert Gott, denn Gott ist im Licht enthalten.

Wenn du an das Göttliche nicht glaubst, das in diesen Dingen steckt, mit denen du in Verbindung stehst, wie kannst du Gott woanders finden?

Es gibt Brüder des Lichtes; wenn du das Licht nicht begreifst, wenn du nicht lernst, wirst du auch von ihnen nicht angenommen. Deshalb sage ich: Werde gut und man wird dich annehmen, werde rein und man wird dich annehmen, beginne richtig zu denken und man wird dich annehmen, beginne zu lernen und man wird dich annehmen.

Frage nicht danach, ob die Menschen gut sind. Die Hauptsache ist, dass du gut bist. Wichtig ist, dass das, was Gott schuf – das Wasser – rein ist. Ich rede über die lebendige Erde, über das lebendige Wasser, nicht über die einfache Erde und das einfache Wasser.

Frage nicht danach, ob die Menschen richtig denken. Wichtig ist, ob die Luft, die du atmest, den göttlichen Gedanken offenbaren kann.

Frage nicht danach, ob die Menschen den richtigen Weg gehen. Wichtig ist, dass du zum Licht, d. h. den richtigen Weg gehst. Weil wir uns in Gott bewegen und leben, beobachtet er uns ständig. Es gibt nichts Verborgenes vor seinen Augen, aber er schweigt immer.

Wer Gott dienen und ihn auf der Erde sehen will, soll – wenn er das Brot nimmt – wissen, dass er vor ihm steht. Eine heilige Erregung soll ihn ergreifen, weil das Brot auf seine Tafel gekommen ist.

Wird die Seele des Menschen von Freude erfüllt, dann versteht er Gott bereits und kommuniziert mit ihm. Die erwachten Seelen müssen arbeiten und sich auf Gott verlassen, dass er ihr Gutes auf der Erde, auf der sie wohnen, segnen wird. Sie müssen glauben, dass Gott ihnen jene Reinheit geben wird, die im lebendigen Wasser steckt.

Wir sind auf die Erde gekommen, um das Wissen zu offenbaren, dass Gott immer sanftmütig und gut ist und dass wir auch immer so handeln sollen; dass er immer richtig denkt und dass auch wir immer wie er denken sollen, dass er rein und heilig ist und dass auch wir immer so sein sollen; und dass er sich ständig durch das Licht offenbart, damit wir den richtigen Weg gehen.

Seid gut, seid rein, denkt richtig, geht den richtigen Weg, lernt die Wege Gottes und ihr werdet Gottes Segen haben. Es gibt nur den Einen, der als Liebe, Weisheit und Wahrheit erscheint. Es gibt den Einen!

Und die ganze lebendige Natur spricht von diesem Einen, vom Großen. Man nennt ihn Gott. Vater. Er erfüllt alles, das ganze Dasein, alle Welten, alle Sonnensysteme und bleibt allzeit trotzdem unoffenbart. An sich ist er das Absolute, das Unerreichbare und ohne Form. Er ist nichts. Aber dieses Nichts beinhaltet alles in sich.

Gott ist nicht in einer materiellen Weise in der Welt gegenwärtig. Und wahrhaftig, wenn ein Künstler ein Gemälde malt, ist er im Gemälde? Wenn ein Bildhauer eine Statue modelliert, ist er in der Statue? Aber wenn sich der große Unbekannte uns offenbart, offenbart er sich als ein Licht ohne Schatten, als ein Leben ohne Ende, als eine Liebe ohne Veränderlichkeit, als ein Wissen ohne Fehler, als eine Freiheit ohne Einschränkungen.

Und wenn man sagt, dass Gott Liebe ist, versteht man darunter die Offenbarung Gottes. Deshalb offenbart sich Gott dort, wo die Liebe ist, wo das Gute ist, ihre Frucht. Spricht man von Gott als Liebe, versteht man darunter jenes Wesen, aus dem das ganze Leben im Weltall hervorgeht und das alle lebenden Seelen in einem Ganzen vereint, ohne sich zu verändern.

Es gibt nur ein Wesen auf der Erde, das absolut im wahrsten Sinne des Lebens ist – das ist Gott. Auch wenn er an dem kleinsten Insekt vorübergeht wird er ihm zulächeln und ihm alle zur Entwicklung notwendigen Bedingungen schaffen.

Gott richtet niemanden. Das Schöne an Gott ist, dass er sich nur an das Gute erinnert, das wir getan haben.

Gott lässt alle Lebewesen absolut frei. Er zeigt ihnen den Weg, aber lässt sie allein entscheiden, das zu machen, was sie für richtig halten.

Gott strebt danach, uns zu befreien, rein zu machen, unseren Geist leuchtender zu machen, unsere Herzen edel zu machen, in unserer Seele jenes Licht einzuführen, durch das wir erkennen, dass er Liebe ist. Im Herzen Gottes gibt es etwas Großartiges. Er ist derjenige, der sowohl ganze Völker als auch einzelne Individuen erleuchtet. Alle großen Menschen hat er erhoben, sie stellen einen Impuls des göttlichen Geistes dar. Gott ist derjenige, der durch sie die Liebe, die Weisheit und die Wahrheit in die Welt hineinbringen will.

Und in der göttlichen Liebe, Weisheit und Wahrheit ist das gesamte

Leben in der ganzen Ewigkeit sowie das Wohl aller Seelen eingeschlossen. Der Mensch soll wissen, dass es nur einen Gott gibt und nur eine Liebe, eine Weisheit und eine Freiheit, eine Gerechtigkeit und ein absolutes Maß, eine Tugend und eine Quelle der Güter für alle existieren. Das ganze Weltall stellt den Gottesstaat dar, in welchem Gott wohnt. Sein Bewusstsein und sein Verstand sind so groß, dass er auch die kleinsten Wesen umfasst und ihr Leben regelt.

Nur derjenige, der in dieser wesentlichen, unveränderlichen Welt lebt, nur derjenige, der Gott dient und seine Gebote und Gesetze versteht, nur er ist frei und nur er hat einen freien Willen.

Merkt euch diese einfachen Wahrheiten: Fragst du dich, wo Gott ist, wisse, Gott ist da, wo es Leben, Gedanken und Gefühle gibt. Beginnst du an Gott zu zweifeln, dann wisse, dass du an dir selbst zweifelst. In der göttlichen Liebe gibt es absolut keine Ausnahmen. Wisse, dass er überall ist und wenn du ihn anrufst, hilft er dir.

Du fragst wann der Mensch gut ist? In dem Augenblick, in dem sich Gott in ihm offenbart, ist er gut. Offenbart sich Gott im Menschen, wird er froh und freundlich, ist zu jedem Dienst bereit. Wenn er darauf verzichtet, Gott zu dienen, dann verlässt er ihn.

Fragt nicht danach, ob Gott euch liebt! Er hat vom ersten bis zum letzten Tag nicht aufgehört, euch zu lieben. Fragt danach, ob ihr Gott liebt! Und prüft eure Liebe durch das einzig sichere Maß: Was ist stärker in euch, eure Wünsche oder eure Liebe zu Gott? Wenn eure Liebe zu Gott stärker ist, steht ihr auf dem richtigen Weg.

Wenn der Mensch die göttliche Liebe in sich hat, wird sich alles, was ihn ereilt zum Guten wenden. Denn die Liebe zu Gott, aus der die lebendige Beziehung zwischen ihm und dem Menschen hervorgeht, ist eine mystische innere Erfahrung, die sich in ganz unterschiedlichen Formen und Abstufungen offenbart.

Die magische Kraft dieser Erfahrung steckt in jenem Augenblick, in dem der Mensch seine Gedanken, sein Herz, seine Seele und seinen Geist ohne jegliches Zögern und Zweifeln an diesen ewigen Beginn richtet. Kommt der Mensch zu diesem Punkt, kann er alles erreichen. Nur dann kann er den Sinn des Lebens begreifen. Denn nur Gott kann einem diesen Sinn offenbaren. Dann begreift man, dass man geboren ist, um Gott zu lieben und sein Leben mit dieser Liebe zu durchdringen und nicht ein Diener der menschlichen Auffassungen zu sein.

Und das flüstert ihm auch seine Seele zu. Denn vergesst das nicht, der Geliebte der menschlichen Seele ist nur Gott. Aus diesem Grund nenne ich nur denjenigen einen Menschen, der Gott liebt. Der Augenblick, in dem er sich selbst bestimmt hat und Gott liebt, bestimmt ihn als einen Menschen. Ein solcher Mensch zieht die Aufmerksamkeit aller guten und bewussten Menschen auf sich und sie sagen: »Heute ist etwas Göttliches geschehen.«.

Gott zu lieben, ist der ruhmvollste Augenblick im Leben eines jeden Menschen. Das bedeutet, aufzublühen und seinen Wohlgeruch weit zu verbreiten und ständig wie eine Quelle sprudeln, die zu geben weiß. Alle Engel, alle großen Wesen, die Millionen von Jahren vor uns auf der Erde gelebt haben, wissen wer Gott ist. Sie stehen in heiliger Erregung vor diesem Wesen, aus dessen Herzen die Liebe entspringt, die den ganzen Weltraum erhebt und stützt.

Und wenn ihr sie fragt, wo und was Gott ist, antworten sie in ihrer Sprache: »Es gibt kein anderes Wesen, das euch näher ist als Gott. Es gibt kein edleres, heiligeres, reineres, weiseres, stärkeres und mächtigeres Wesen als Gott.«. Er ist überall. Sowohl im Himmel, in allen Sonnen als auch auf der Erde, in allem; in der Luft, im Wasser, in den Steinen und den Pflanzen, den Tieren und im Menschen.

Alles, was innerhalb und außerhalb von uns ist, alles was um uns herum ist, stellt ein Gemälde dar hinter dem Gott als ein großer Künstler steckt. Und weil Gott so gut versteckt ist, deswegen suchen die Menschen ihn außerhalb von sich und wollen ihn auf äußerem Wege erreichen und seine Existenz beweisen. Gott ist aber kein Wesen, das bewiesen werden kann.

Wenn der Mensch Beweise für die Existenz Gottes will, hat er bereits seine Beziehung zu ihm abgebrochen. Wenn diese Beziehung wieder hergestellt ist, beginnt das Leben unaufhörlich von Gott zum Menschen und umgekehrt zu strömen. Im Bewusstsein, im Herzen und im Willen des Menschen gibt es dann einen ununterbrochenen Zufluss göttlichen Bewusstseins.

Der Kern der göttlichen Lehre sind die Liebe, die Weisheit und die

Wahrheit. Du sagst: »Sag mir die Wahrheit!«. Die Wahrheit kann nicht ausgesprochen werden. Sie wird gelebt. Die Wahrheit stellt die Frucht des gesamten Lebens dar. Sie beinhaltet das, wodurch sich Gott offenbart. Der Weg zu Gott besteht in der Vollkommenheit. Der vollkommene Mensch hat nur die Idee von Gott. Ohne Vollkommenheit bleibt Gott für uns unbegreifbar. Trachtet der Mensch nach der Vollkommenheit, erkennt er Gott als Liebe. Und dann fühlt er den Puls aller Lebewesen auf der Erde. Und es gibt keine größere Wonne, als diesen Puls zu fühlen.

Dann begreift der Mensch den großen Sinn jener höchsten Worte, die Jesus sprach: »Ich lebe in Gott und Gott lebt in mir.«. Lass Gott absolute Freiheit in dir, dann wird sich vor dir eine unendliche Welt offenbaren. Durch das Gebet erheben wir uns bis in die Lichtwelt, in welche der Herr alles legte, was wir für Gleichgewicht, Frieden und Entfaltung brauchen. Da uns dort alles zur Verfügung steht, ist es an uns, diese Regionen zu erreichen und aus ihnen alle Elemente herauszuholen, die unser Herz und unsere Seele ersehnen, oder gar in ihnen Zuflucht zu finden. Wenn ihr also in Zukunft unglücklich seid oder nicht mehr weiter wisst, versucht die Region zu wechseln, nehmt Zuflucht zum Gebet, einem wunderbaren und sehr wirksamen Mittel.

Nimm Rücksicht auf den kleinsten Schimmer des Lichts, um die unbekannten Wege des Lebens zu entdecken. In ihnen sind die göttlichen Freuden verborgen, die vom Himmel herabstiegen. Nun, wenn dir Gott sagt, vorwärts zu gehen, gehe und denke nicht nach. Auch wenn es Schwierigkeiten gibt, gehe vorwärts!

Die Aufgabe des heutigen Menschen besteht darin, zu hören und zu sehen, was Gott im Menschen selbst schafft. Ein neuer Mensch wird erschaffen. Er ist der Mensch, der nach dem Ebenbild Gottes geschaffen wurde – der Mensch des neuen Lebens. Wenn ihr auf einem Weg oder einer Straße geht, so segnet sie und bittet, dass all jene, die nach euch kommen, mit Frieden und Licht erfüllt werden, dass sie auf den richtigen Weg geführt werden und mit der göttlichen Welt im Einklang schwingen.

Die Liebe ist Gott und Gott kann kein Übel bringen. Ihr müsst zuallererst Gott lieben und euch von seinen Schwingungen durchdringen lassen, dann könnt ihr gefahrlos andere lieben und ihnen helfen. Weil ihr mit der göttlichen Quelle verbunden seid, könnt ihr eure Kräfte verschenken, ohne euch zu schwächen.

Ein wahrer Diener Gottes bleibt unerschütterlich in seiner Liebe und seinem Glauben. Geht zu einem Bach oder einer sprudelnden Quelle und stellt euch vor, sie sei das Abbild der wahren Lebensquelle, die in euch fließen und sprudeln soll.

Ohne Liebe sind die göttlichen Güter unerreichbar. Mit Liebe stellen die göttlichen Güter Fäden dar, aus denen das gesamte Leben gewoben ist. Erst wenn ihr alles Gott schenkt – Geist, Seele, Körper, ja sogar Haus und Geld – seid ihr in Sicherheit. Denn allein der Herr ist fähig, euch zu sagen, wie ihr es zum Guten verwenden könnt.

Als erstes jedoch solltet ihr Gott euer Herz schenken. Wenn ihr von einem geistig erhobenen Menschen geliebt worden seid, dann habt ihr Talente entwickelt; wenn ihr von einem Genie geliebt worden seid, dann seid ihr auch genial geworden. Die Liebe wandelt sowohl denjenigen um, der liebt, als auch denjenigen, der geliebt wird. Die Liebe heilt alle Krankheiten. Eines verlangt die Liebe – volles Vertrauen. Nur der Liebende, Weise und Wahrheitsliebende verwirklicht seine Wünsche und wird ein Bürger in Gottes Reich.

Wenn jemand nicht von neuem geboren wird, kann er das Reich Gottes nicht sehen (Joh 3,3). Was ist das Ziel der Selbsterziehung? Den Menschen äußerlich und innerlich darauf vorzubereiten, ein Paradies in sich zu schaffen. Solange der Mensch nicht den göttlichen Ursprung in sich in Gang setzt, so dass dieser seinen physischen Körper durchdringt, kann er nicht gut leben. Außerhalb von Gott gibt es kein gutes Leben.

Dein Leiden mit Gott zu teilen und die Freude mit den Menschen bedeutet, dich auf eine neue Weise zu erziehen. In der heiligen Schrift steht: »Wirf auf den Herrn deine Last.« Seid Träger des Guten und des Schönen für die Welt, damit ihr von den göttlichen Gütern Gebrauch machen könnt. Darin besteht die Verjüngung und Veredelung des Menschen.

Wenn sie Christus lieben, so werden sie auch ihre Eltern lieben. Wenn die Menschen Christus erkennen und lieben, werden sie auch ihre Heimat lieben und bereit sein, von ihren Gütern etwas an diejenigen abzugeben, die nichts haben.

Seid blind und taub für die Fehler der Menschen. Nur so werdet ihr die Liebe Christi verstehen. Christus lebt in den Seelen der Menschen! Solange ihr Gott liebt, solange sorgt er auch für euch. Hört ihr auf, Gott zu lieben, so verlässt er euch auch. Sagt sich der Mensch von seiner Gier nicht los, so kann er nicht in die göttliche Ordnung der Dinge eintreten.

Arbeitet ihr an der Selbsterziehung, so berücksichtigt die erste Hauptaufgabe, die Liebe zu Gott zu entwickeln. Gott befindet sich auch in den Widersprüchen, durch sie prüft er die Menschen. Indem Gott euch auf die Erde geschickt hat, zeigt er euch seine Liebe.

Das Erste, was vom Menschen verlangt wird, ist Gott für seinen Kopf zu danken, der ihm gegeben wurde. Nachdem er erkannt hat, wer ihm den Kopf gab, muss er ihn aufrecht und nicht gesenkt halten. Wenn der Mensch sich dessen bewusst geworden ist, welches Gut ihm damit gegeben wurde, soll er zu sich selbst sagen: »Ich danke für das göttliche Licht, das ich mit meinem Kopf wahrnehmen kann. Ich danke für die Liebe, die ich mit meinem Herzen wahrnehmen kann. Ich bin bereit, das Licht und die Liebe, die ich wahrnehme anzuwenden, nicht nur den Menschen gegenüber, sondern auch gegenüber den kleinsten Wesen. Ich bin bereit, der Ameise den Weg frei zu machen und ihr schnelle Hilfe zu leisten.«.

Die Aufgabe des Menschen besteht zunächst darin, seinen Bezug zum Göttlichen in sich selbst und zu seiner Seele zu bestimmen und sich auf diesen Bezug zu verlassen.

Jeder wird für sich arbeiten, um klug, gut und stark zu werden. Jeder soll seine Arbeit tun, die für ihn bestimmt wurde. Jedem wurde ein Teil des göttlichen Feldes gegeben und jeder wird arbeiten und denken, um seine Arbeit gut zu beenden. Keine Kraft in der Welt ist im Stande, eure Arbeit zu behindern. Wer auch an seine Mitmenschen denkt, ist ein guter Mensch. Auf diese Weise gibt man dem Göttlichen in sich einen freien Weg und zieht dadurch die Menschen an.

Liebe die Liebe, liebe die Weisheit, liebe die Wahrheit! Lasse sie Leuchter deiner Seele sein, denn durch sie äußert sich Gott in denjenigen, die ihn suchen. Ruft Gott in der Liebe an, ruft ihn in der Weisheit an. Ruft ihn in der Wahrheit an! Nur so werdet ihr die leise Stimme seines Geistes zu eurem Geist, eurer Seele, eurem Verstand, zu euren Herzen sprechen hören.

Die Sanftmütigkeit Gottes ist auf immer in seiner Liebe, in seiner Weisheit, in seiner Wahrheit. Durch sie äußert sich seine grenzenlose Sanftmütigkeit. Dient Gott mit Liebe, dient ihm mit Weisheit, dient ihm mit Wahrheit und ihr werdet Leben, Licht und Freiheit haben. Mögen die Schönheit der Liebe, die Reinheit der Weisheit und das Licht der Wahrheit auf ewig in euch sein! Seid in ihnen auf ewig, damit sie auch in euch auf ewig sind. Sie sind das neue Leben, das Gott in die Welt sendet.

Es gibt ein Leben, das sowohl von außen als auch von innen süß ist. Das ist das göttliche Leben, in dem die Liebe herrscht. Was sind die Bedingungen dieses Lebens? Die erste Bedingung ist das Licht. Wer im Licht lebt, dessen Leben ist sowohl außen als auch innen süß. Der Mensch ist vom Licht geschaffen worden. Warum sollte der Mensch nicht in der eigenen Umgebung leben? Das Licht führt zum Guten.

Die Zeit der göttlichen Ordnung ist bereits gekommen, die meisten Menschen sind spät dran und sollten das Tempo ihres Ganges beschleunigen.

Wenn die Menschen ständig danken, werden ihnen viele Dinge gegeben und viele Geheimnisse enthüllt. Bringe das Gute, den Geist und die Gerechtigkeit in deine Seele, damit du die Gesetze Gottes anwenden kannst.

Es gibt besondere Strahlen der göttlichen Liebe, die den Verstand nähren und entwickeln. Es gibt besondere Strahlen der Liebe Gottes, die das Herz nähren und es kraftvoll machen. Es gibt besondere Strahlen der Liebe Gottes, die die Seele versorgen.

Die heutigen Menschen leiden, weil sie dasjenige, was im Inneren der Welt geschieht, nicht verstehen. Äußerlich ist das Leben einfacher geworden, es ist jedoch an der Zeit, auch eine innere Ordnung zu schaffen und damit auch das innere Leben der Menschen ins Lot zu bringen.

Der wahre Mensch ist derjenige, der nach dem inneren Impuls seiner Seele denkt, liebt und handelt. Das bedeutet in Gott zu leben. Wenn jeder nicht selbst Gott in sich sieht, kann er ihn nirgends sehen. Wenn er ihn in sich sehen kann, dann wird er ihn auch in seinem Nächsten sehen sowie in der ganzen Natur.

Wenn ihr das Wasser, die Luft und das Licht fragt, wo Gott sei, dann werden sie euch antworten: »Wenn du uns in dich aufnimmst, wird sich durch uns derjenige äußern, nach dem du suchst.«. Folglich werdet ihr Gott in allem finden, das in euch hineinkommt und aus euch herauskommt. Seht Gott in allen Wesen, denen ihr begegnet, klein und groß.

Je mehr er in die göttliche Welt eindringt, desto mehr bestimmt der Mensch seine Beziehung zu Gott als seinen Sohn und versteht, dass es ohne Liebe kein Leben gibt. Indem der Mensch Gott liebt, liebt er auch seinen Nächsten und sich selbst. Dass sich jedoch derjenige, der sich mit Gott verbunden hat und in jedem Moment von seinen Gütern Gebrauch macht, Sorgen macht, ist unnatürlich.

Um sich auf Gott verlassen zu können, müsst ihr ihn kennen und ihn als eine in euch und außerhalb von euch existierende Realität verstehen. Gott ist sowohl im Kleinen und im Großen außerhalb des Menschen. Trage jeden Tag in deinem Verstand, in deinem Herzen und in deinem Willen den Gedanken, dass Gott Liebe ist, um alles was deine Seele wünscht, zu erreichen. Da wir nach dem Ebenbild Gottes geschaffen wurden, werden wir wie er.

Es wurde gesagt, dass Gott Liebe sei. Dankt demzufolge Gott für alles, was er euch gibt. Glücklich kann sich derjenige schätzen, der den Menschen der neuen Lehre treffen und ihm einen Gefallen tun kann. Der neue Mensch spricht nicht über sich selbst, aber ihr werdet ihn an seinen Äußerungen erkennen. Wenn ihr ihn erkennt, dann wird er euch zulächeln. Wenn ihr ihn nicht erkennt, dann wird er euch auch zulächeln. Der neue Mensch versteht das Wort Gottes und wendet es an. Das verleiht ihm eine besondere innere Schönheit. Es wurde über den Menschen gesagt, er sei nach dem Ebenbild Gottes geschaffen worden. Also kann er sich so manifestieren wie sein Schöpfer.

Was für ein größeres Wohl könnt ihr erwarten. Gott ist Geist, Gott ist Licht. Folglich ist er überall und in allem, es kann nicht sein, dass du ihn nicht kennst. Die Wissenschaftler vermuten nicht, dass er in den kleinen mikroskopischen Dingen versteckt ist. Ihr sollt eure Herzen aufmachen und dasjenige, das für die Erde ist, wird auf der Erde bleiben; dasjenige, das für den Himmel ist, werdet ihr als ewiges Kapital eurer Seele mitnehmen.

Man soll wissen, dass es etwas gibt, das gleichermaßen für die Erde und für den Himmel nötig ist. Das ist das Dienen Gottes und die Liebe zu Gott. Ihr lebt in einer Welt, wo Gott der Herr ist, er verteilt seine Güter in Fülle. Wenn euer Schmerz groß ist, legt eure Hände an den kranken Ort, konzentriert euer Denken und sagt: »Dies aber ist das ewige Leben, dass sie dich, den allein wahren Gott und den du gesandt hast – Jesus Christus – erkennen.«

Wenn der Schmerz hört, dass ihr über das ewige Leben sprecht, wird er erschrecken und euch verlassen. Das Leben hat für diejenigen einen Sinn, die ihn verstehen. Das verstandene Leben ist Freude. Wenn die Menschen auf Mühen und Leiden stoßen, beginnen sie Gott zu suchen.

Warum wurde der Tod zugelassen? Um den Glauben der Menschen zu prüfen. Durch ihn wird erkannt, inwiefern der Mensch Gott begriffen hat und an ihn glaubt. Wenn er ihn erkannt hat, wird er wachsen und Früchte tragen. Niemand ernährt den anderen. Der Mensch ist ein Diener des Göttlichen. **Durch den Menschen manifestiert sich das Göttliche**. Der Mensch ist ein Mittler der Güter, die von oben kommen. Je besser er als Mittler ist, desto größerer Segen erwartet ihn. Der Mensch soll richtig denken, um die göttlichen Gedanken richtig weiterzugeben.

Unteilbar und einheitlich ist das Leben, deshalb nennen wir es göttlich. Alles Süße, Schmackhafte, Schöne und Moralische geht aus der göttlichen Welt hervor. Der gerade Gedanke ist das Material, aus dem der geistige und göttliche Körper des Menschen gebaut wird. Die unnötigen Gedanken sollen getilgt und nur diejenigen sollen bleiben, die als Baumaterial genutzt werden können.

Seid reinen Herzens und aufrichtig. Verbergt nichts vor Gott und kritisiert euch nicht. **Der Mensch soll frei sein**. Es gibt kein größeres Gut als die Freiheit des Denkens, der Gefühle und der Taten. **Alles, was von Gott geschaffen wurde, ist gut. Folglich ist der Mensch auch gut.**

Gott erfreut sich daran, dass es Menschen gibt, die ihm unter den schweren Bedingungen des Lebens dienen. Wenn er mit seinem Leben zufrieden ist, ist er bereit, Gott zu dienen. Alle Völker sind Söhne Gottes. Niemand hat das Recht, seinen Bruder zu verfolgen und zu foltern. Nur dasjenige Wesen könnt ihr Gott nennen, das dem Menschen unter allen

Bedingungen hilft. Derjenige, der den Menschen erhebt und Tiere und Pflanzen stützt, den nennen wir Gott.

Jeder Mensch hat eine spezifische Bestimmung. Wie werden wir unsere Bestimmung erfüllen? Indem wir den Willen Gottes erfüllen. Wer den Willen Gottes erfüllt, der steht höher als alle Prominenten, Politiker und Wissenschaftler. Im Befolgen des göttlichen Willens liegt die Kraft der menschlichen Seele. Es gibt nur einen Herrscher in der Welt. Er äußert seine Güte allen Wesen gegenüber.

Der Mensch soll sich erkennen und wissen, was in ihn hineingelegt wurde und sich niemals selbst verurteilen. Dich selbst zu verurteilen, das bedeutet Gott in dir selbst zu verurteilen. Das Gute ist der göttliche Ursprung im Menschen.

Das Leben selbst ist eins. Das physische Leben, das geistige Leben und das göttliche Leben sind drei große Offenbarungen des gesamten, einheitlichen Lebens. Das physische Leben wandelt und ändert sich ständig. Das göttliche Leben wandelt sich nicht und ändert sich nicht. Um das Leben zu begreifen und sich selbst und den anderen nützlich zu sein, soll man mit dem physischen Leben beginnen und allmählich zum geistigen und dann zum göttlichen Leben übergehen.

Wer das physische Leben nicht liebt, kann kein Verhältnis zum Licht haben. Das Leben kommt von Gott und geht zu ihm zurück. Deswegen ist es seinem Wesen nach absolut rein. Das Leben selbst ist weder weltlich noch geistlich. Das göttliche Leben ist das Leben der Unsterblichkeit, das Leben ohne Leiden und Qualen. Dieses Leben ist ein Teil der menschlichen Seele. In ihm erscheint alles zur rechten Zeit. Der gesamte Kosmos in seiner Ganzheit, die ganze physische Welt ist offenbarte, materialisierte Liebe. Das ist Gottes großer Körper.

In der göttlichen Welt gibt es keine Religionen, dort existiert nur die Liebe. Die Atmosphäre der göttlichen Welt ist Liebe, dort atmet alles Liebe. Wenn ihr den Willen Gottes erfüllen möchtet, dann müsst ihr unbedingt die Religionen durch die Liebe ersetzen. Ein Wort der göttlichen Liebe kostet mehr als alles, was der Mensch hat. Seid bereit, alles für ein Wort der göttlichen Liebe zu geben.

Ein paar Augenblicke, die man in der göttlichen Liebe erlebt, wiegen mehr als Tausende von Jahren eines gewöhnlichen Menschenlebens, das man unter den größten Vergnügungen und Genüssen verbracht hat. Liebst du Gott, dann bist du in der göttlichen Welt. Wenn ihr eure Liebe zu Gott schickt, kehrt die göttliche Liebe automatisch zu uns zurück. Die absolute Liebe Gottes verlangt nach absoluter Gerechtigkeit. Dort, wo keine Gerechtigkeit ist, ist keine Liebe. Die Menschen brauchen die absolute göttliche Gerechtigkeit, jene Gerechtigkeit, die für alle ohne eine einzige Ausnahme gleich anzuwenden ist, die Gerechtigkeit, die nicht nur die Menschen, sondern alle Lebewesen – von dem Kleinsten bis zum Größten – berücksichtigt.

Die gerechten Menschen sind reich. Sie sind Söhne Gottes. Und jeder Mensch, der Sohn Gottes ist, verfügt über das Kapital des gesamten Sonnensystems. Die göttliche Gerechtigkeit, deren Träger sie sind und die jetzt in die Welt kommt, erwärmt die menschlichen Herzen. Und in Zukunft, in der neuen Kultur – in der Kultur des Leuchtenden – wird die Welt sich von den menschlichen Herzen erwärmen und erhellen, die von der Gerechtigkeit bewohnt werden.

Von diesen Zukunftstagen her sendet Christus – Christus der Liebe – eine Nachricht, die in der Gerechtigkeit ihren Ausdruck gefunden hat. Die Gerechtigkeit leuchtet bei jenen, die ihn lieben. Die Gerechtigkeit ist ein großer innerlicher Prozess der Verteilung von allen göttlichen Gütern an alle Teile des Organismus – sei es der Organismus eines Individuums, einer Gesellschaft, eines Volkes oder der ganzen Menschheit. Der Mensch der Gerechtigkeit soll von absoluter Furchtlosigkeit sein.

Öffnet die Seiten der Geschichtsbücher der Vergangenheit, betrachtet aufmerksam die Gegenwart und ihr werdet feststellen, dass die Rechtlosigkeit immer ein Grund jeder Unordnung war. Unter denjenigen, die nach Gott suchen, gibt es keine bösen Menschen, aber es gibt solche, die sich in einem Reifungsprozess befinden. Was für eine Arbeit ihr auch immer macht, wendet euch an Gott, um zu sehen, ob Er sie billigt oder nicht. Nur nach seiner Billigung könnt ihr euch auf Erfolg verlassen!

Die göttlichen Arbeiten sollen in die Hände desjenigen gelegt werden, der sie als die seinigen annehmen kann. Sprecht nichts Schlimmes über die Menschen, um die sich Gott als seine eigenen Kinder kümmert. Lasst euch nicht von Frevel, von Kritik und Schmähungen verleiten, um den Platz, der für euch im Himmel bestimmt wurde, nicht zu verlieren.

Beachtet die folgenden Regeln im Leben: Esst reine Nahrung, trinkt reines Wasser, atmet reine Luft, lebt in einem gesunden Haus. Wascht euch die Füße und die Hände, bevor ihr ins Bett geht. Reinigt euer Haus, lüftet es. Er wird kommen und euch seinen Segen geben. Empfange die Liebe Gottes in deinem Haus, um ihre Güter zu nutzen.

Sie bringt die kostbaren Dinge – Nahrung, Licht, Wärme und Luft. Sie macht den Menschen klug, gut und stark. Sie verleiht dem Leben einen Sinn und nähert die Menschen einander an. Wenn man über die Erkenntnis Gottes spricht, dann meint man drei seiner Eigenschaften. Er ist allliebend, allwissend und wahrhaftig. Die Liebe ist eine Kraft, die sich unter keinen Bedingungen, nie verändert. Alles kann sich ändern, aber die Liebe nie.

Gott liebt alle Menschen, er lächelt ihnen zu und segnet sie. Dank des Blickes und des Lächelns, mit denen sich Gott an euch richtet, seid ihr froh und munter. Zweifelt ihr an Gott, so verlässt euch die Freude. Fasst ihr Mut in eurem Leben, besucht euch die Freude wieder. Jeder Mensch soll den göttlichen Willen befolgen, damit sich der Segen über ihn ergießt.

Gott wacht über allem, nichts kann seinem Auge entgehen. Er wacht über die kleinsten Bewegungen des menschlichen Gedankens. Er verfolgt auch die kleinsten Gefühle und Bewegungen und weiß, wie jeder Mensch denkt, fühlt und handelt.

Legt Gott, das heißt, die Liebe in eure Herzen und all eure Angelegenheiten werden sich nach und nach regeln. Christus sagt: »Ich und mein Vater werden kommen und Wohnung in euren Herzen machen.«. Wenn Gott in dem menschlichen Herz wohnt, dann wird alles in Ordnung kommen. Die unzähligen Sterne am Himmel sind der Ausdruck von Gottes Gesicht. Das schöne Blau des Himmels ist ein anderes Bild von Gottes Gesicht. Aus diesem Gesicht strömt Licht, das die ganze Welt durchdringt und allen etwas gibt.

Wenn du Gott liebst, wirst du seine Gedanken und Gefühle in deinem Herzen behalten. Sie werden dich erheben und dir einen größeren Wert verleihen. Du wirst mit Freude und Dankbarkeit alles nehmen, was dir Gott bringt und dir sagen: **»Das, was Gott für mich tut, kann ich auch für die anderen tun.«**. Gott manifestiert sich durch die Liebe in jedem

Lebewesen. Je mehr Menschen der Mensch liebt, umso mehr hat er sich für Gott geöffnet. Die Liebe ist ein Weg des Erhebens.

Sobald die Menschen die Dankbarkeit zulassen, werden sie auch Gott und Christus sehen. Wie denn? In den Äußerungen der Liebe. Öffne dein Herz weit, damit die Gotteswärme hineinkommen kann und du die göttliche Freude und Fröhlichkeit empfindest. **Wer im Göttlichen lebt, ist stark wie ein Felsen**: Niemand ist imstande, ihm von dem Posten, den er eingenommen hat, zu verdrängen. Also, der im Positiven bestätigte Mensch ist mit allem einverstanden, was Gott bestimmt hat. Wenn er sein Einverständnis erklärt, dann beginnt der Mensch, für Gott zu arbeiten. Letztendlich lässt er sich in seiner Arbeit von dem Gedanken inspirieren, dass er durch die Liebe vorwärts schreitet.

Gott in all seinen Manifestationen zu erkennen – das ist das neue Leben, das in die Welt kommt. Seht Gott überall – in den Steinen, in den Gewässern, in den Pflanzen, in den Sternen, in den Tieren, in den Menschen und sagt: »Gesegnet sei Gott, der sich überall manifestiert und zu uns durch alle Lebewesen spricht. Gesegnet sei sein Name jetzt, immer und durch alle Jahrhunderte.«.

Begrüßt mit Freude das Wort Gottes, das in eure Seelen kommt. **Das Wort Gottes bringt göttliche Güter. Seid auf ewig in Gott, damit er auf ewig in euch ist**. Das alte Leben ist ein trüber Niederschlag, der zerfließen soll. Das neue Leben bringt reines, kristallklares Wasser. Das Leben fließt aus der göttlichen Liebe heraus, die ständig gibt.

Der Austausch zwischen Gott und einer menschlichen Seele ist ein Beweis für die Existenz Gottes und für seine Manifestationen als Liebe, Weisheit und Wahrheit. Im Gehorsam und in der Erfüllung der Gebote Gottes steckt die Kraft des Menschen. **Die neue Ordnung bedeutet die Erschaffung einer neuen Welt, in der die Liebe herrscht. Gott sendet das Sonnenlicht und die Sonnenwärme zu allen lebendigen Wesen**.

Um die himmlischen Wesenheiten anzuziehen und in ihnen den Wunsch zu erwecken, euch zu helfen, müsst ihr ein Leben im Einklang mit den göttlichen Gesetzen führen. Nur durch eure Lebensweise könnt ihr ihre Aufmerksamkeit auf euch ziehen. Sie müssen Signale, Lichtströme sehen. Sie nähern sich, freunden sich mit diesem Menschen an und lassen sich oft sogar in ihm nieder, um ihm zu helfen.

Alle Menschen sollen Gott lieben und wissen, dass er Liebe ist. Wenn die Liebe in den Verstand des Menschen, in sein Herz und in seine Seele eindringt, wird die Welt in Ordnung kommen. Es ist an der Zeit, dass die Menschen aus der menschlichen Liebe heraustreten und in die göttliche Liebe eintreten. Weitet euch, öffnet eure Herzen für die göttliche Liebe, um alle Menschen ertragen und lieben zu können. Lehrt euch gegenseitig, Gott zu lieben, damit Er auch euch liebt.

Seid dankbar. Dankt dem Himmel von morgen an schon beim Erwachen. Sagt: »Oh Herr ich danke Dir, Du hast mir heute wieder Leben und Gesundheit geschenkt, ich will Deinen Willen erfüllen.«. Wenn ihr euch manchmal ohne besonderen Grund glücklich fühlt oder voll Begeisterung seid, müsst ihr wissen, dass ihr dies dem Besuch himmlischer Geschöpfe verdankt.

Lieben bedeutet nicht, einen Menschen an sich zu ziehen, sondern im Gegenteil, sich zu überwinden, weil man etwas Großes für ihn tun will. Und es gibt nicht Größeres, als einen Menschen mit der göttlichen Quelle zu verbinden. Gott traut uns etwas zu, egal wieviel Jahre unser Leben zählt. Jeden Tag fängt unser Leben neu an. Jeden Tag kann ich Altes bewahren und Neues wagen. Welch ein Geschenk!

Wenn ihr euch in den Dienst des Himmels stellt, um an der Verwirklichung des Reiches Gottes auf Erden teilzunehmen, breitet sich ein großer Schutzmantel über euer Leben aus. Lichtvolle Wesen begleiten euch, unterstützen und erleuchten euch.

Stellt euch Gott als einen Ozean des Lichtes vor und versucht, mit ihm zu verschmelzen!

Welch ein Schlusswort!

Rolfs Kommentar

Der spirituelle Weg führt uns durchs gesamte Leben. Die meisten Menschen entscheiden sich erst im fortgeschrittenen Alter für ihren spirituellen Weg, so war es auch bei mir, etwa in der Lebensmitte beginnen viele, ihren Lebenssinn woanders als in der materiellen Welt oder beim Massenbewusstsein zu suchen. Wenn wir dann unsere Freunde aus der geistigen Welt bitten, uns auf dem neuen Weg zu helfen, werden sie es gerne tun. Sie schauen aber zuerst in unser Herz und wenn sie da Liebe entdecken, wird die Hilfe und die Führung stärker sein, als wir uns das vorstellen können. Wir sind uns dann selbst treu. Die Unterstützung kann von unserem Schutzengel, von Erzengeln, aufgestiegenen Meistern, Christus oder sogar von Gott kommen.

Je mehr liebevollen Kontakt wir zu ihnen suchen, desto mehr Hilfe bekommen wir. Die großen geistigen Wesen haben Bewusstseinsfelder, in die wir eintreten dürfen, der Zugang öffnet sich durch unsere liebevollen **Herzen und Seelen**. Es wird weder Christus noch Gott persönlich sein, die uns helfen und führen, aber in ihren Bewusstseinsfeldern sind sie vollkommen enthalten und manifestiert, so dass jeder von uns genau die Hilfe bekommt, die er benötigt.

Ich darf schon ca. 30 Jahre den geistigen Weg gehen und dankbar feststellen, dass die Führung immer stärker und klarer wird. Wunderbare Erlebnisse, sogar Wunder gehören dann fast zum Alltag und ich möchte euch, liebe Leser*innen, anregen und inspirieren, diesen Weg auch zu gehen.

Vielleicht schafft ihr die persönliche Veränderung ja einige Jahre oder gar Jahrzehnte eher als ich, was ich euch von ganzem Herzen wünsche. Gegen Ende des Weges kann auch Gott in uns eintreten, dazu erhalten wir deutliche Signale und Hinweise.

Dann sollten euer Herz und eure Seele jubilieren, den göttlichen Weg zu gehen, ist das Höchste, was wir als physische Menschen erreichen können. Nehmt diese Hilfe mit größtem Dank an und freut euch auf jeden Tag eures Lebens, an dem ihr Gott an eurer Seite habt.

Sein Diener werden zu dürfen und das Göttliche Reich auf Erden miterschaffen zu können, ist die größte Bereicherung unseres Lebens **und macht uns glücklich!** Und da wir diese unsere Aufgaben auch ausstrahlen, begegnen wir anderen Menschen, die auch auf dem Göttlichen Weg sind, wunderbare »Zufälle« werden geschehen und unser gesamtes Leben wird frei, glücklich, sinnvoll, gesund und liebevoll sein.

Wenn euer Herz und eure Seele euch bitten, diesen Weg einzuschlagen, so braucht ihr, zumindest am Anfang, nicht so viel Zeit aufzuwenden, wie ich es jetzt tue. Ich bin Herr meiner Zeit und erfahre das Schönste mit meinen Freunden aus der göttlich geistigen Welt, was ein Mensch erleben kann.

Ihr braucht es nur den Freunden »von oben« mitzuteilen und ein offenes Herz und eine liebevolle Seele werden euch helfen, ihre Segnungen und Hilfen zu bekommen.

Ich wünsche euch allen ein liebevolles, glückliches, gesundes und erfülltes Leben!

Herzlichst Rolf

P. S.:

Falls Ihr mich kontaktieren möchtet, so geht es am besten per Telefon unter 0043 5517 30487 (der Anrufbeantworter ist aktiv), da ich sonst über keine technischen Kommunikationsmittel verfüge (Handy, Computer, etc.).

Ich freue mich über Euren Anruf!

Literaturverzeichnis:

Omraam Mikhaël Aivanhov:
— Auf dem Weg zur Sonnenkultur.Prosveta-Verlag
— Der Weg der Stille. Prosveta-Verlag
— Dem Licht entgegen. Prosveta-Verlag

Patricia Cori:
— Lichtbotschaften vom Sirius. Amra Verlag

BeinsaDuno (Peter Deunov):
— Der Meister spricht. Verlag BjaloBratstvo Sofia
— Anhaltspunkte des Lebens. Verlag BjaloBratstvo Sofia

Durga Holzhauser:
— Jesus das Buch (nur bei Amazon erhältlich)

Pavlina Klemm:
— Lichtbotschaften von den Plejaden. Amra Verlag

Boris Lukács:
— Erzengel Raffael spricht... Band 1 + 2. Ch. Falk-Verlag

Sheldon Nidle:
— Nachrichten vom Sirius — Der Photonenring. Ch Falk Verlag

Jane Roberts:
— Die Natur der persönlichen Realität. Goldmann Verlag

Hira Ratan Manek:
— Sungazing (von Sonnenlicht leben). Rabaka